Egyptian Arabic Diaries

Reading and Listening Practice in Authentic Spoken Arabic

Matthew Aldrich

lingualism

paperback: ISBN-10: 0692643621

website: www.lingualism.com

email: contact@lingualism.com

Table of Contents

Introduction ii
Pronunciation v
I Have Never Visited the Pyramids (Amr) 1
Mostafa and the Bread (Mostafa) 8
Mostafa Gets Lost (Mostafa) 14
The Sacrifice Feast (Reem) 21
Mostafa and the Sheep (Mostafa) 30
Yomna Takes Her Son to Work (Yomna) 37
Driving Lessons (Amr) 44
Hesham's Birthday (Hesham) 52
Sudanese Weddings (Yomna) 59
Climate Change in Egypt (Yomna) 68
A Visit to Cairo Tower (Reem) 75
Egyptian Spiderman (Amr) 82
A Car Accident (Mohamed) 90
Mostafa in Islamic Cairo (Mostafa) 97
Death of a Friend (Esraa) 104
A Trip to the Zoo (Yomna) 113
Winter in Alexandria (Mohamed) 121
Yomna's Birthday (Yomna) 128
Midterms (Amr) 135
A Night of Music (Mohamed) 142
Notes 148

Introduction

The goal of *Egyptian Arabic Diaries* is to provide intermediate and advanced learners with authentic materials to practice both reading and listening skills in authentic Egyptian Colloquial Arabic (ECA). The twenty texts that appear in this book have been written and recorded by native speakers from around Egypt. The texts have been dubbed *diary entries*, although they are actually short personal essays that the contributors have chosen to share with learners of their language.

Each *diary entry* appears in various forms to allow you to study the language from a variety of focal points.

The unvoweled Arabic text provides realistic reading practice. Although ECA has no official rules of orthography, there are spelling conventions which are widely agreed upon by *most* Egyptians. A noticeable idiosyncrasy of Egyptian spelling is to leave the dots off a final *yaa* (ـى instead of ـي) and *taa marbuta* (ـه intead of ـة), as well as the *hamza* from *alif* (ا instead of أ or إ). Still, there remain differences in personal preferences, especially when it comes to the spelling of conjugated verbs and function words such as prepositions, conjunctions, and pronouns. Some try to preserve the spelling used in Modern Standard Arabic (MSA) as much as possible, while others prefer to represent the actual sounds of ECA. Many people tend to be inconsistent even in their own spelling, as they are basically sounding things out as they go. To keep all this a bit neater, Lingualism has adopted a consistent orthography based on the most popular spelling conventions. For example, the demonstrative pronoun da (*this/that*) may be spelled دا or ده, depending on an individual's preference. Lingualism materials use the latter spelling.

The English translation stays true to the original Arabic, sentence by sentence, making it easy to find the corresponding translation. The translation can be used to compare similarities and differences between the style and structure of sentences in the two langauges.

The handwritten text is an invaluable addition to the materials, allowing you to familiarize yourself with natural Arabic handwriting. You can try your best to decipher the handwritten words, and then compare them to their typed counterparts, progressively improving your ability to read handwriting by various individuals. You can also copy (or trace) traits of the handwritten letters to make your own handwriting more natural.

The voweled text is found in the left-most column of the three-column in-depth study section. Every effort has been made to provide systematic and accurate voweling (*tashkeel*). Keep in mind that Arabic script, as it is written by Egyptians, does not always represent the actual sounds. Vowels may be shortened, elided, or even inserted in places. Please note also:

- The default vowel is *fatha* (َ◌). As it is normally not written in a Lingualism voweled text, you can assume a bare consonant takes *fatha*, unless it is final, in which case it takes *sukuun*. (These are omitted to keep the text from looking too cluttered with these common marks.)
- و *and* is written without a vowel. It is usually pronounced wi, but in some environments the i is elided: w.
- The definite article الـ il-, like و wi, is pronounced with i, which is often elided. When the l assimilates with the following consonant, it is written with *shadda* (ّ◌). However, it is not written with *sukuun* (ْ◌).

The phonemic transcription allows for close study of the actual pronunciation. Even if you prefer the Arabic script, you will find it well worth your time to familiarize yourself with Lingualism's phonemic transcription system. Using the phonemic transcription allows you to better understand the sound patterns in ECA, thereby improving your own pronunciation.

The word-by-word translations act as a glossary. You can easily find the literal meaning of every word without having to search through lists of words. And more than just a glossary, the word-by-word translations give you a better understanding of the grammar and style of Arabic. Try reading these English sentences out loud. They will sound quite strange, but this will help you get used to the logic of Arabic sentences.

Notes are referenced with an asterisk under a column's number and follow the three-column section. These notes highlight interesting points of grammar and vocabulary.

شكراً

I would like to thank all of the individuals who contributed to this project. And a special thanks to Yomna Adly, who helped in managing parts of the project and editing.

The **MP3s** can be downloaded for free

by accessing the Lingualism Audio Library at:

www.lingualism.com

عمرو 3amr
Amr

مصطفى muṣṭáfa
Mostafa

ريم rīm
Reem

يمنى yúmna
Yomna

هشام hišām
Hesham

محمد muɦámmad
Mohamed

اسراء ísra
Esraa

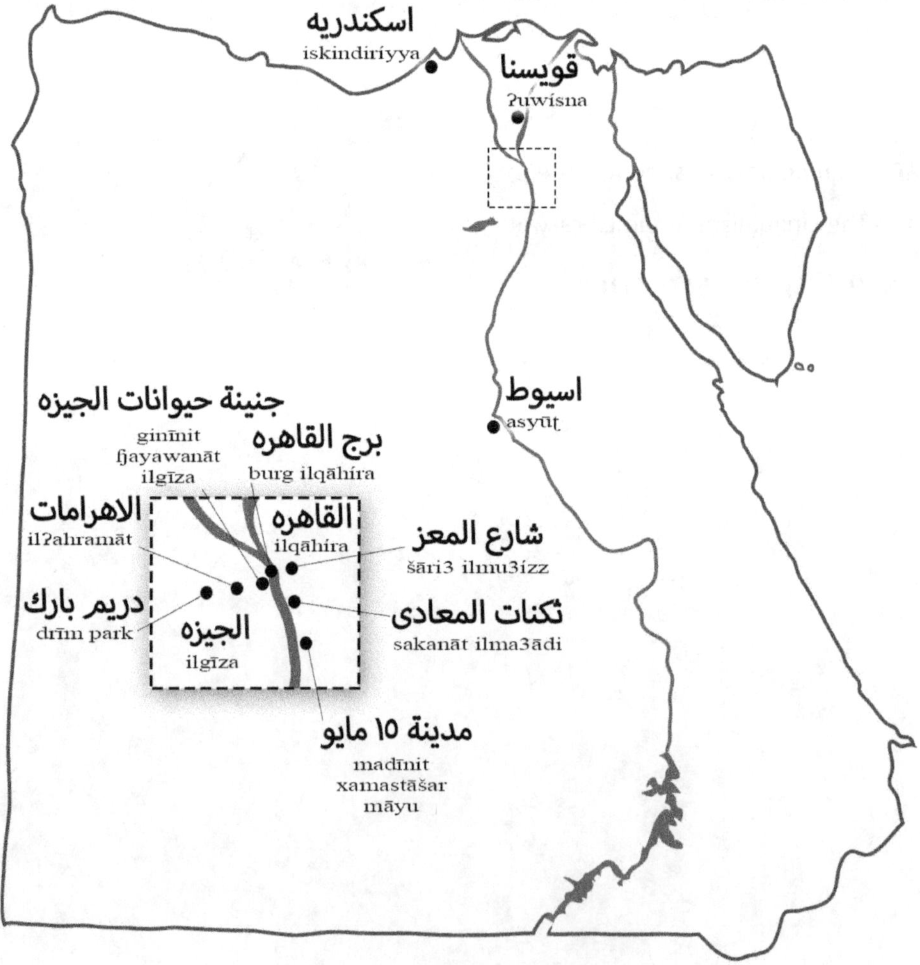

Pronunciation

Egyptian Colloquial Arabic is a spoken dialect with no official status or rules of orthography. Egyptians tend to borrow spelling conventions from Modern Standard Arabic with some accommodations to account for ECA pronunciation. Arabic script, however, is ill suited to show the actual pronunciation of ECA and the sound changes that occur when words are inflected. (For a treatment of these sound changes, see the book *Egyptian Colloquial Arabic Verbs.*) Even if you are comfortable with Arabic script, it is advised that you pay close attention to the phonemic transcription to determine the exact pronunciation of words and phrases.

Consonants

The following sounds are also found in English and should pose no difficulties for learners:

			examples
b	ب	[b] as in **b**ed	*bána* بنى *(build)*
d	د	[d̪] as in **d**og, but with the tongue touching the back of the upper teeth	*dáras* درس *(study)*
f	ف	[f] as in **f**our	*fāz* فاز *(win)*
g	ج	[g] as in **g**as	*gíri* جرى *(run)*
h	ه	[h] as in **h**ouse	*hágam* هجم *(attack)*
k	ك	[k] as in **k**id	*kal* كل *(eat)*
l	ل	[l] a light ***l*** as in **l**ove	*líbis* لبس *(get dressed)*
m	م	[m] as in **m**oon	*māt* مات *(die)*
n	ن	[n] as in **n**ice	*nísi* نسى *(forget)*
s	س ث	[s] as in **s**un	*sāb* ساب *(leave)*
š	ش	[ʃ] as in **sh**ow	*šakk* شكّ *(doubt)*
t	ت	[t̪] as in **t**ie, but with the tongue touching the back of the upper teeth	*taff* تفّ *(spit)*
w	و	[w] as in **w**ord	*wárra* ورّى *(show)*
y	ي	[j] as in **y**es	*yíktib* يكتب *(he writes)*
z	ز ذ	[z] as in **z**oo	*zār* زار *(visit)*
ž	ج	[ʒ] as in plea**s**ure and bei**g**e; used in foreign borrowings and sometimes written چ to distinguish it from ج [g]	*žim* جيم *(gym)*
v	ف	[v] (sometimes spelled ڤ) and [p] (پ)	*seven ap* سفن اپ *(7 Up)*
p	ب	appear in some foreign borrowings, but may also be pronounced [f] and [b], respectively, by many speakers	

The following sounds have no equivalent in English and require special attention. However, some exist in other languages you may be familiar with.

r	ر	[ɾ] tapped (flapped) as in the Spanish cara, or the Scottish pronunciation of tree	*ráma* رمى *(throw)*
ɣ	غ	[ɣ] very similar to a guttural ***r*** as in the French Paris, or the German **r**ot	*ɣāb* غاب *(be absent)*
x	خ	[x] as in the German do**ch**, Spanish rojo, or Scottish lo**ch**	*xad* خد *(take)*
q	ق	[q] like ***k*** but further back, almost in the throat, with the tongue touching the uvula	*qād* قاد *(lead)*
ɦ	ح	[ħ] like a strong, breathy ***h***, as if you were trying to fog up a window	*ɦáfar* حفر *(dig)*
3	ع	[ʕ] a voiced glottal stop, as if you had opened your mouth under water and constricted your throat to prevent choking and then released the constriction with a sigh	*3írif* عرف *(know)*
ʔ	ء ق	[ʔ] an unvoiced glottal stop, as [ʕ] above, but with a wispy, unvoiced sigh; or more simply put, like the constriction separating the vowels in uh-oh	*ʔibil* قبل *(accept)* *ʔá3lan* أعلن *(announce)*

The following sounds also have no equivalent in English but are emphatic versions of otherwise familiar sounds. An emphatic consonant is produced by pulling the tongue back toward the pharynx (throat), spreading the sides of the tongue wide as if you wanted to bite down on both sides of your tongue, and producing a good puff of air from the lungs.

ḑ	ض	[dˤ] emphatic ***d***	*ḑárab* ضرب *(hit)*
ş	ص	[sˤ] emphatic ***s***	*şamm* صمّ *(memorize)*
ţ	ط	[tˤ] emphatic ***t***	*ţáwa* طوى *(fold)*
z̧	ظ	[zˤ] emphatic ***z***	*z̧ann* ظنّ *(believe)*

Vowels

			examples
a	ـَ	[æ] normally as in c**a**t (but with the jaw not quite as lowered as in English); [a] as in st**o**ck when in the same syllable with ***ḫ*** or ***3*** (with the tongue lower than [æ]); usually [ɑ] as in f**a**ther (but shorter) when in the same word as ***q, ḍ, ṣ, ṭ, ẓ,*** or, in most cases, ***r***	*kátab* كتب *(write)* *ḫámla* حاملى *(I will fill)* *mabá3š* مباعش *(he didn't sell)* *ḍárab* ضرب *(hit)* *ɣáṣab* غصب *(force)*
ā	ـَا	[æ:] / [a:] / [ɑ:] as with ***a*** above but longer	*nām* نام *(sleep)* *gā3* جاع *(get hungry)* *qād* قاد *(lead)*
ē	ـَي	[e:] as in pl**ay** (but without the glide to [j])	*malēt* مليت *(I filled)*
ə		[ə] as in tick**e**t. In ECA, ***ə*** is inserted to avoid three adjacent consonants.	*kúntə hína* كنت هنا *(I was here)*
i	ـِ	[ɪ] as in k**i**d; [ɛ] as in b**e**d when in the same syllable with ***ḫ*** or ***3***; when in the same word as ***q, ḍ, ṣ, ṭ,*** or ***ẓ,*** [ɨ] with the tongue pulled back a bit	*3ílim* علم *(know)* *biyíḫsib* بيحسب *(he calculates)* *itẓāhir* اتظاهر *(protest)*
ī	ـِي	[i:] as in sk**i**; [ɛ:] and [ɨ:] as with **i** above (but longer)	*biygīb* بيجيب *(he brings)* *biybī3* بيبيع *(he sells)* *3āqib* عاقب *(punish)*
o	ـُ	[o] as in kn**ow** (but shorter and without the glide to [w])	*torēn* تَوْرَيْن *(two bulls)*
ō	ـُو	[o:] as with **o** above but longer	*nōm* نَوْم *(sleep)*
u	ـُ	[ʊ] as in b**oo**k; [o] as in kn**ow** (but shorter and without the glide to [w]) when in the same syllable with ***ḫ*** or ***3***	*yúṭlub* يطلب *(he orders)* *inbā3u* انباعوا *(they sold)*
ū	ـُو	[u:] as in m**oo**n; [o:] as in kn**ow** (but without the glide to [w]) when in the same syllable with ***ḫ*** or ***3***	*bitšūf* بتشوف *(you see)* *manba3ūš* مانباعوش *(they didn't sell)*

this page left intentionally blank

I Have Never Visited the Pyramids

عمرى ما زرت الاهرامات

ازيكم يا جماعه؟ عايز احكيلكم حاجه غريبه جداً عنى... انا كنت عايش فى السعوديه لفتره طويله جداً لحد ما اتخرجت من الثانويه. بعد التخرج رجعت مصر عشان ادرس فى الكليه، و بقالى دلوقتى اكتر من خمس سنين عايش فى مصر. الغريب انى طول الخمس سنين اللى قضيتهم هنا، و خلال كل الاجازات اللى كنت بزور فيها مصر (لما كنت عايش فى السعوديه)... عمرى ما زرت الاهرامات!! الاهرامات، و ابو الهول طبعاً، هما اهم و اشهر المعالم السياحيه فى مصر على الاطلاق. الناس من كل انحاء العالم ممكن يسافروا لمسافات طويله جداً عشان بس ييجوا و يشوفوهم. اكيد معظمكم يعرفهم و يمكن بعضكم زارهم قبل كده. الاغرب كمان انى عايش فى الجيزه، نفس المحافظه اللى فيها الاهرامات! المسافه بينى و بين الاهرامات مش هتاخد وقت اكتر من عشرين لتلاتين دقيقه لو انت سايق عربيه. الحقيقه انا قريب جداً منهم لدرجة انك ممكن تشوفهم بالعين المجرده من فوق سطح العماره اللى انا ساكن فيها! و مع ذلك عمرى ما رحت. عشان اكون صريح، انا رحت مره لعرض قريب من الاهرامات اسمه "الصوت و الضوء"، بس برضه كان بعيد الى حد ما. مقدرتش آخد صوره جنبهم، و مقدرتش المسهم. عشان كده المره دى مينفعش تتحسب، خصوصاً لواحد مصرى! بس خمنوا مين اللى خدنى للعرض ده؟ عمتى الامريكيه! (زوجة عمى) اللى بتيجى مصر فى بعض الاجازات بس. و مع ذلك زارت الاهرامات اكتر من مره و عارفه المعالم السياحيه فى مصر احسن منى بكتير. حاولت ادور على سبب مقنع ممكن يبرر ليه مزرتش الاهرامات طول المده دى، لكن ملقيتش. بس عارفين المفروض فعلاً ادور على

ايه؟ موبايلى، عشان اكلم صحابى و احدد معاد معاهم عشان نروح نزور الاهرامات فى اقرب فرصه!

ازيكم يا جماعة؟ عايز احكيلكم حاجة غريبة جداً أيضاً... انا كنت عايش في

السعودية لفترة طويلة جداً لحد ما اتخرجت من الثانوية. بعد التخرج رجعت

مصر عشان ادرس في الكلية، وبالتالي دلوقتي اكتر من خمس سنين عايش

في مصر. الغريب انى طول الخمس سنين اللى قضيتهم هنا، وخلال كل الاجازات

اللى كنت بزور فيها مصر (لما كنت عايش في السعودية)... عمري ما زرت

الاهرامات!! الاهرامات، وابو الهول طبعاً، هما اهم واشهر المعالم السياحية

في مصر على الاطلاق. الناس من كل انحاء العالم ممكن يسافروا لمسافات طويلة جداً

عشان بس ييجوا ويشوفوهم. اكيد معظمكم يعرفهم وممكن بعضكم زارهم قبل كده.

الغريب كمان انى عايش في الجيزة، نفس المحافظة اللى فيها الاهرامات! المسافة

بيني وبين الاهرامات مش هتاخد وقت اكتر من عشرين لتلاتين دقيقة لو انت

سايق عربية. الحقيقة انا قريب جداً منهم لدرجة انك ممكن تشوفهم بالعين

المجردة من فوق سطح العمارة اللى انا ساكن فيها! ومع ذلك عمري ما روحت.

عشان اكون صريح، انا روحت مرة لعرض قريب من الاهرامات اسمه "الصوت

والضوء"، بس برضه كان بعيد الى حد ما. مقدرتش آخد صورة جنبهم،

ومقدرتش المسهم. عشان كده المرة دي مينفعش تتحسب، خصوصاً لو احد

مصري! بس خمنوا مين اللي خدني للعرض ده؟ عمتي الأمريكية! (زوجة
عمي) اللي بتيجي مصر في بعض الإجازات بس. ومع ذلك زارت الأهرامات
أكتر من مرة وعارفة المعالم السياحية في مصر أحسن مني بكتير. حاولت أدور على
سبب مقنع ممكن يبرر ليه مزرتش الأهرامات طول المدة دي بس ما
لقيتش. بس عارفين المفروض فعلاً أدور على ايه؟ موبايلي عشان
أكلم صحابي واحدد معاد معاهم عشان نروح نزور الأهرامات في أقرب فرصة!

How are you guys? I want to tell you a very funny thing about me... I was living in Saudi Arabia for a very long time, until I graduated from high school. After graduation I came back to Egypt to study in college, and now I have been living in Egypt for over 5 years. The funny thing is that during all the 5 years that I have spent here, and during all the vacations when I was visiting Egypt (when I was living in Saudi Arabia)... I have never visited the Pyramids!! The Pyramids, and the Sphinx of course, are the most important and famous tourist attractions in Egypt, for sure. People from all over the world may travel for very long distances only to come and see them. Surely most of you know them, and maybe some of you have already visited them. What's even funnier is that I live in Giza, the same governorate where the Pyramids are located. The distance between me and the Pyramids wouldn't take more than 20 to 30 minutes if you are driving a car. Actually I'm so close to them that you can see them with your naked eye from the top of the building that I live in! And yet I've never been. To be honest, I went once to a show near the Pyramids called "Sound and Light". But still it was kinda far. I couldn't take a picture near them, and I couldn't touch them. So this does not count, especially for an Egyptian! But guess who took me to that show? My American aunt! (my uncle's wife) who comes to Egypt on some vacations only. And yet she's visited the Pyramids more than once and knows the tourist attractions in Egypt much better than me. I tried to look for a convincing reason to justify why I've never been to the Pyramids all this time, but I didn't find any. But do you know what I should really be looking for? My cell phone. To call my friends and make plans with them to go visit the Pyramids at the earliest opportunity!

ازّيْكُم يا جماعه؟	1	izzáykum ya gamā3a?	How-you o everyone?
عايِز احْكيلْكُم حاجه غريبه جِدّاً عنّى…	2	3āyiz aɦkílkum ɦāga ɣarība giddan 3ánni…	wanting I-tell-to-you something strange very about-me...
انا كُنْت عايِش فى السّعوديه لِفتْره طَويله جِدّاً لِحدّ ما اتْخرّجْت مِن الثّانَويه.	3	ána kúntə 3āyiš fi -ssa3udíyya li-fátra ţawīla gíddan li-ɦáddə ma -txarrágtə min issanawíyya.	I was living in Saudi [Arabia] for-period long very, until that I-graduated from the-secondary-school.
بعْد التّخرُّج رجِعْت مصْر عشان ادْرِس فى الكُلّيه،	4	ba3d ittaxárrug rigí3tə máʂrə 3ašān ádris fi -lkullíyya,	After the-graduation I-returned Egypt so-that I-study in the-college,
و بقالى دِلْوَقْتى اكْتر مِن خمس سِنين عايِش فى مصْر.	5 *	wi baʔāli dilwáʔti áktar min xámas sinīn 3āyiš fi maʂr.	and it-remained-to-me now more than five years living in Egypt.
الغريب انِىّ طول الخمس سِنين اللى قضّيْتْهُم هِنا،	6	ilɣarīb ínni ţūl ilxámas sinīn ílli ʔaɖɖíthum hína,	The-strange that-I throughout the-five years that I-spent-them here,
و خِلال كُلّ الاجازات اللى كُنْت بزور فيها مصْر (لمّا كُنْت عايِش فى السّعوديه)… عُمْرى ما زُرْت الاهْرامات!!	7	wi xilāl kull ilʔagazāt ílli kúntə bazūr fīha maʂr (lámma kúntə 3āyiš fi -ssa3udíyya)… 3úmri ma zurt ilʔahramāt!!	and during all the-vacations that I-visit in-it Egypt (when I-was living in Saudi)... I-never I-visited the-Pyramids!!
الاهْرامات، و ابو الهَوْل طبْعاً، هُمّا اهمّ و اشْهر المعالِم السِّياحيه فى مصْر علَى الاطْلاق.	8	ilʔahramāt, w abú -lhōl ţáb3an, húmma ahámm, wi áʃhar ilma3ālim issiyaɦíyya f máʂrə 3ála -lʔiţlāq.	The-Pyramids, and the Father-Fear of-course, they most-important and most-famous the-attractions the-touristic in Egypt, for sure.
النّاس مِن كُلّ انْحاء العالم مُمْكِن يِسافْروا لْمسافات طَويله جِدّاً عشان بسّ ييجوا و يْشوفوهُم.	9	innās min kúllə ánɦa -l3ālam múmkin yisáfru l-masafāt ţawīla gíddan 3ašān bássə yīgu wi yšufūhum.	The-people from all ends the-world maybe they-travel for-distances long very so-that just they-come and they-see-them.
اكيد مُعْظمْكُم يِعْرفْهُم و يِمْكِن بعْضُكُم زارْهُم قبْل كِده.	10 *	akīd mu3ʐámkum yi3ráfhum wi yímkin ba3ɖúkum zárhum ʔáblə kída.	Surely majority-of-you they-know-them and maybe some-of-you visited-them before this.
الاغْرب كمان انِىّ عايِش فى الجيزه، نفْس المحافْظه اللى فيها الاهْرامات!	11	ilʔáyrab kamān ínni 3āyiš fi -lgīza, nafs ilmaɦáfʐa -lli fīha -lʔahramāt!	The-stranger even that-I living in the-Giza, same the-governorate that in-it the-Pyramids.
المسافه بَيْنى و بَيْن الاهْرامات مِش هتاخُد وقْت اكْتر مِن عِشْرين لِتلاتين دِقيقه لَوْ انْت سايِق عربيه.	12	ilmasāfa bēni w bēn ilʔahramāt miš hatāxud waʔt áktar min 3išrīn li-talatīn diʔīʔa law íntə sāyiʔ 3arabíyya.	The-distance between-me and between the-Pyramids not will-take time more than twenty to-thirty minute if you driving car.

الحقيقه انا قُريِّب جداً مِنهُم لِدرجِة اِنَّك مُمْكِن تِشوفْهُم بِالعَيْن المجرّده مِن فَوْق سطْح العِماره اللى انا ساكِن فيها!	13	ilɦaʔīʔa ána ʔuráyyib gíddan mínhum li-dáragit ínnak múmkin tišúfhum bi-l3ēn ilmugarráda min fōʔ saṭɦ il3imāra ill- ána sākin fīha!	Actually I close very from-them to-degree that-you possible you-see-them with-the-eye the-bare from on roof the-apartment-building that I living in-it.
و معَ ذلِك عُمْرى ما رُحْت.	14	wi má3a zālik 3úmri ma ruɦt.	And with that I-never I-went.
عشان اكون صريح، انا رُحْت مرّه لِعرْض قُرَيِّب مِن الاهْرامات اِسْمُه "الصَّوْت و الضَّوْء"،	15	3ašān akūn ṣarīɦ, ána rúɦtə márra li-3árḍə ʔuráyyib min ilʔahramāt ísmu "iṣṣōt w iḍḍōʔ",	So-that I-am honest, I went once to-show near from the-Pyramids its-name “the-Sound and the-Light.”
بسّ برْضُه كان بعيد اِلَى حدّ ما.	16	bássə bárḍu kān bi3īd íla ɦáddə ma.	But still it-was far to extent some.
مقْدرْتِش آخُد صوره جنْبُهُم ، و مقْدرْتِش اَلْمسْهُم.	17	maʔdírtiš āxud ṣūra gambúhum, wi ma-ʔdírtiš almáshum.	I-couldn't I-take picture next-to-them, and I-couldn't I-touch-them.
عشان كِده المرّه دى مَيِنْفعْش تِتْحِسِب، خُصوصاً لِواحِد مصْرى!	18	3ašān kída, ilmárra di ma-yinfá3šə titɦísib, xuṣūṣan li-wāɦid máṣri!	Because-of this, the-time this is-of-no-use you-count, especially for-an Egyptian!
بسّ خمِّنوا مين اللى خدْنى لِلْعرْض ده؟	19	bássə xammínu mīn ílli xádni li-l3árḍə da?	But guess who that took-me to-the-show that?
عمِّتى الامْريكيه! (زَوْجِة عمّى) اللى بْتيجى مصْر فى بعْض الاجازات بسّ.	20	3ammíti -lʔamrikíyya! (zōgit 3ámmi) ílli btīgi máṣr fi ba3ḍ ilʔagazāt bass.	My-aunt the-American! (wife my-uncle) who comes Egypt in some the-vacations only.
و معَ ذلِك زارِت الاهْرامات اكتر مِن مرّه و عارْفه المعالِم السِّياحيه فى مَصْر احسن مِنّى بْكِتير.	21 *	wi má3a zālik, zārit ilʔahramāt áktar min márra wi 3árfa -lma3ālim issiyaɦíyya f maṣr áɦsan mínni b-kitīr.	And with that, she-visited the-Pyramids more than time and knowing the-attractions the-touristic in Egypt better than-me by-much.
حاوَلْت ادوّر علَى سبب مُقْنع مُمْكِن يِبرّر لَيْه مزُرْتِش الاهْرامات طول المُدّه دى، لكِن ملْقيْتْش.	22	ɦawált adáwwar 3ála sábab múqna3 múmkin yibárrar lē ma-zúrtiš ilʔahramāt ṭūl ilmúdda di, lākin ma-lʔítš.	I-tried I-look for reason convincing possible it-justifies why I-didn't-visit the-Pyramids throughout the-period this, but I-didn't-find.
بسّ عارْفين المفْروض فِعْلاً ادوّر علَى اَيْه؟	23 *	bássə 3árfīn ilmafrūḍ fí3lan adáwwar 3ála ʔē?	But knowing should really I-look for what?
موبايْلى، عشان اكلِّم صُحابى و احدِّد مِعاد معاهُم عشان نروح نِزور الاهْرامات فى اقْرب فُرْصه!	24	mubáyli, 3ašān akállim ṣuɦābi w aɦáddid mi3ād ma3āhum 3ašān niruɦ nizūr ilʔahramāt fi áʔrab fúrṣa!	My-cell-phone. So-that I-talk my-friends and I-arrange plans with-them so-that we-go we-visit the-Pyramids at earliest opportunity!

5 - بقالُه baʔālu is followed by a length of time then a bi-imperfect verb (or sometimes an active participle, as in line 5), adjective, or location: بقالى سنه بدْرِس عربى baʔāli sána bádris *3árabi I've been studying Arabic for a year.*; بقالْهُم اكْتر مِن تلاتين سنه مِتْجَوِّزين baʔálhum áktar min talatīn sána mitgawwizīn *They've been married for over thirty years.*; بقالِك ادّ ايْه فى مصْر؟ baʔālik ʔáddə ʔēh fi maṣr? *How long have you been in Egypt?*

10 - مُعْظمْكُم mu3ẓámkum and بعْضُكُم ba3ḍúkum take a third-person singular verb.

21 - An elative (comparative) adjective is followed by بِكْتير biktīr to express a large difference. A small difference is expressed using شُوَيّه šuwáyya: اكْبر بِكْتير ákbar bi-ktīr *much bigger* and اكْبر شُوَيّه ákbar šuwáyya *a little bigger*.

23 - المفْروض ilmafrūḍ *should* is followed by an imperfect verb: المفْروض اروح ilmafrūḍ arūḥ *I should go.*

Mostafa and the Bread

مصطفى و العيش

امبارح كان من اسوأ ايام حياتى. اليوم ابتدا بإن امى صحتنى من النوم و قالتلى: اصحى علشان تجيب العيش، الجمله اللى دايماً مبحبش اسمعها، لكن صحيت و خدت قفص العيش و الجنيه فى جيبى، و نزلت رحت لاقرب فرن جنب بيتنا. لقيت الطابور كبير شويه، حوالى خمستاشر واحد. قلت مش مشكله. اقف و خلاص اهى كلها ساعه و اجيب العيش و اطلع اكمل نوم. و بعد ما عدت ساعه كنت خلاص اول واحد فى الطابور. و فجأه الكهربا قطعت فى الفرن. و صاحب المحل قال: مفيش عيش غير لما الكهربا ترجع. و الجمله دى كانت زى الصفاره اللى بيبدأ بيها الماراثون. جريت فى سباق مع الناس اللى كانت واقفه فى الفرن علشان نروح الفرن التانى اللى فى الشارع اللى بعده. و لحسن الحظ على بعد ميت متر لقيت الفرن التانى فاضى. زودت من سرعتى و وقفت اول واحد. و كنت فى منتهى السعاده كإنى كسبت سباق فى الاولمبيات. و لكن حطيت ادى فى جيبى، ملقيتش الجنيه اللى مكنتش نازل بغيره. يعنى كل المجهود و السباق اللى انا كسبته راح ع الفاضى. و مكانش قدامى غير حل واحد—ملوش تانى—انى ارجع البيت و فعلاً رجعت البيت و اخدت جنيه تانى و نزلت وقفت فى الطابور من اوله. و اتعلمت انى لازم اصحى بدرى علشان اجيب عيش يا إما اخد معايا اكتر من جنيه.

امبارح كان من اسوأ ايام حياتي. اليوم ابتدا بإن امي صحتني من النوم وقالتلي اصحى علشان تجيب العيش، الجملة اللي دايماً مبحبش اسمعها، ولكن صحيت وخدت قفص العيش والجنيه وجيت، ونزلت رحت لأقرب فرن جنب بيتنا. لقيت الطابور كبير شوية، حوالي خمستاشر واحد. قلت مش مشكلة. اقف وخلاص اهي كلها ساعة واجيب العيش واطلع اكمل نوم. وبعد ما عدت ساعة كنت خلاص اول واحد في الطابور. وفجأة الكهربا قطعت في الفرن. وصاحب المحل قال مفيش عيش غير لما الكهربا ترجع. والجملة دي كانت زي الصفارة اللي بيبدأ بيها الماراثون. جريت في سباق مع الناس اللي كانت واقفة في الفرن علشان نروح الفرن التاني اللي في الشارع اللي بعده. ولحسن الحظ بعد ما مشيت لقيت الفرن التاني فاضي. زودت من سرعتي ووقفت اول واحد. وكنت في منتهى السعادة كإني كسبت سباق في الاولمبيات. ولكن حطيت ايدي في جيبي ملقيتش الجنيه اللي مكنتش نازل بغيره. يعني كل المجهود والسباق اللي انا كسبته راح ع الفاضي. ومكانش قدامي غير حل واحد -- ملوش تاني -- اني ارجع البيت وفعلاً رجعت البيت واخدت جنيه تاني ونزلت ووقفت في الطابور من اول. واتعلمت اني لازم اصحى بدري علشان اجيب عيش يا إما اخد معايا اكتر من جنيه.

Yesterday was one of the worst days of my life. The day started when my mother woke me up and said, "Wake up and go get the bread."--a sentence I never like to hear, but I got up and grabbed the bread basket, and put a pound in my pocket. I went downstairs to the nearest bakery, next to our house. I found that the line was a bit long--about fifteen people. I thought, "No problem. I'll just wait for an hour to get the bread and go back upstairs to finish sleeping." After an hour had passed, I was finally at the front of the line. And suddenly the electricity went out in the bakery. And the shop owner said there wouldn't be any more bread until the electricity came back on. And this sentence was like the whistle that starts a marathon. I ran in a race with the other people waiting at the bakery to get to the other bakery, which is on the next street. And luckily, from about a hundred meters away, I saw that the second bakery was empty. I increased my speed, and I was the first in line. I was over the moon, as if I had won an Olympic race. But I put my hand in my pocket and didn't find the only pound I had brought. So, all the effort and the race I won were all for nothing. There was only one thing I could do--go back home, so go back home I did. I went back and got another pound and went to the bakery and stood in line all over again. And I learned that I have to get up early in order to buy bread, or take more than one pound with me.

اِمْبارِح كان مِن اسْوَأ ايّام حَياتى.	1	imbāriɧ kān min áswaʔ ayyām ɧayāti.	Yesterday was from worst days my-life.
اليَوْم اِبْتدا بِإنّ أُمّى صحِّتْنى مِن النَّوْم و قالِتْلى: اِصْحَى علشان تِجيب العَيْش، الجُمْله اللى دايْماً مَبحِبّش اَسْمعْها،	2	ilyōm ibtáda bi-inn úmmi ʂaɧɧítni min innōm wi ʔalítli íʂɧa 3alašān tigīb il3ēš, ilgúmla -lli dáyman ma-baɧíbbiš asmá3ha,	The-day started with-that my-mother woke-me from the-sleep and said-to-me “Wake so-that you-get the-bread.”—the-sentence that never I-don’t-like I-hear-it,
لكِن صِحيت و خدْت قفص العَيْش و الجِنَيْه فى جَيْبى،	3 *	lākin ʂiɧīt wi xádtə ʔáfaʂ il3ēš w ilginēh fi gēbi,	but I-got-up and I-took cage the-bread and the-pound in my-pocket.
و نزِلْت رُحْت لاِقْرب فُرْن جنْب بَيْتْنا.	4	wi nizíltə rúɧtə li-áʔrab furn, gámbə bítna.	And I-went-down I-went to-nearest bakery, next-to our-house.
لقَيْت الطّابور كِبير شِوَيّه، حَوالى خمسْتاشر واحِد.	5	laʔēt iʈʈabūr kibīr šiwáyya, ɧawāli xamastāšar wāɧid.	I-found the-line large a-bit—about fifteen person.
قُلْت مِش مُشْكِله. اقف و خلاص اهى كُلّها ساعه و اجيب العَيْش و اطْلع اكمِّل نَوْم.	6	ʔúltə miš muškíla. áʔaf wi xalāʂ ahí kulláha sā3a wi agīb il3ēš wi áʈla3 akámmil nōm.	I-said, “Not problem. I’ll-stand and voilà all-of-it hour and I’ll-bring the-bread and I’ll go-up[stairs] I-finish sleeping.”

و بعْد ما عدِّت ساعه كُنْت خلاص اوِّل واحِد فى الطّابور.	7	wi bá3də ma 3áddit sā3a kúntə xalāṣ áwwil wāħid fi -ṭṭabūr.	And after passed hour, I-was finally first one in the-line.
و فجْأه الكهْربا قطّعِت فى الفُرْن.	8	wi fágʔa -lkahrába ʔaṭṭá3it fi -lfurn.	And suddenly the-electricity cut in the-bakery.
و صاحِب المحلّ قال: مفيش عَيْش غَيْر لمّا الكهْربا ترْجع.	9	wi ṣāħib ilmaħállə ʔāl ma-fīš 3ēš ɣēr lámma -lkahrába tírga3.	And owner the-shop said there-isn't bread until when the-electricity returns.
و الجُمْله دى كانِت زَىّ الصُّفّاره اللى بْيِبْدأ بيها الماراثون.	10	w ilgúmla di kānit zayy iṣṣuffāra ílli byíbdaʔ bīha -lmarasōn.	And the-sentence this was like the-whistle that starts with-it the-marathon.
جِريت فى سْباق معَ النّاس اللى كانِت واقْفه فى الفُرْن علشان نِروح الفُرْن التّانى اللى فى الشّارِع اللى بعْدُه.	11	girīt fi sbāʔ má3a -nnās ílli kānit wáʔfa fi -lfúrn 3alašān nirūħ ilfurn ittāni ílli fi -ššāri3 ílli bá3du.	I-ran in race with the-people that were waiting at the-bakery so-that we-go the-bakery the-other that in the-street that after-it.
و لْحُسْن الحظّ علَى بُعْد ميت مِتر لقَيْت الفُرْن التّانى فاضى.	12	wi lħusn ilħáẓẓ, 3ála bú3də mīt mítrə laʔēt ilfurn ittāni fāḍi.	And luckily, on distance hundred meters, I-found the-bakery the-second empty.
زوِّدْت مِن سُرْعِتى و وْقِفْت اوِّل واحِد.	13	zawwídtə min sur3íti wi wʔíft áwwil wāħid.	I-increased from my-speed, and I-stood first one.
و كُنْت فى مُنْتهى السّعاده كإنىّ كِسِبْت سْباق فى الاوَلْمْبِيات.	14	wi kúntə f muntáha -ssa3āda ka-ínni kisíbtə sbāʔ fi -lʔulimbiyāt.	And I-was at end the-happiness, as-if I-won race in the-Olympics.
و لكِن حطَّيْت اِدّى فى جَيْبى، ملقَيْتْش الجِنَيْه اللى مكُنْتِش نازِل بِغَيْرُه.	15 *	wi lākin ħaṭṭēt íddi f gēbi, ma-laʔítš ilginēh ílli ma-kúntiš nāzil bi-ɣēru.	But I-put my-hand in pocket-my, I-didn't-find the-pound that I-hadn't come-down[stairs] with-except-it.
يعْنى كُلّ المجْهود و السِّباق اللى انا كْسِبْتُه راح ع الفاضى.	16	yá3ni kull ilmaghūd w issibāʔ ílli ána ksíbtu rāħ 3ála -lfāḍi.	So, all the-effort and the-race that I won-it went onto the-void.
و مكانْش قُدّامى غَيْر حلّ واحِد--ملوش تانى-- اِنىّ ارْجع البيْت و فِعْلاً رِجِعْت البيْت	17 *	wi ma-kánšə ʔuddāmi ɣēr ħállə wāħid--malūš tāni-- ínni árga3 ilbēt wi fí3lan rigí3t ilbēt	And it-wasn't in-front-of-me except solution one—that-I return home and indeed I-returned home.
و اخدْت جِنَيْه تانى و نِزِلْت وْقِفْت فى الطّابور مِن اوِّله.	18	wi axádtə ginēh tāni w nizíltə wʔíftə fi -ṭṭabūr min awwílu.	And I-took pound again and I-went-down[stairs] I-stood in the-line from beginning-its.
و اتْعلِّمْت اِنىّ لازِم اصْحَى بدْرى علشان اجيب عَيْش يا اِمّا اخد معايا اكتر مِن جِنَيْه.	19	w it3allímt ínni lāzim áṣħa bádri 3alašān agīb 3ēš ya ʔímma āxad ma3āya áktar min ginēh.	And I-learned that-I need I-get-up early so-that I-get bread or else I-take with-me more than pound.

3 - قفص عَيْش ʔáfaṣ 3ēš, literally ‘bread basket’, is a actually a lattice tray, as seen in the photograph.

15 - Here, غَيْرُه ɣēru means *other than it*, so literally “the pound that I hadn’t come downstairs with one other than it,” i.e. it was the only one.

Mostafa Gets Lost

اليوم اللى تهت فيه

كنت المفروض رايح احضر كورس و ده شىء كويس. لكن اللى مش كويس انى مكنتش اعرف عن المكان غير انه فى محطه اسمها ثكنات المعادى. و ده كان الجزء السهل فى الموضوع. دخلت المترو، قطعت تذكره و ركبت و نزلت المحطه. و اعتمدت على المثل المصرى اللى بيقول (اللى يسأل ميتوهش). و لكن نسيت حاجه مهمه ان الناس مبيحبوش يقولوا معرفش. سألت اول واحد قابلته. قالى: خش يمين و بعدين تانى شمال. و لما وصلت هناك ملقيتش السنتر اللى هاخد فيه الكورس. و سألت واحد تانى قالى: انت ايه اللى جابك هنا؟ انت ترجع من مطرح ما جيت و خش شمال و بعدين تانى شمال. قلتله شكراً. و مشيت و قلت اسأل اى حد و انا ماشى علشان اتأكد. و المشكله ان كل واحد بقى يقولى طريق مختلف. و من اللحظه دى اتأكدت انى تهت. و لكن الحل المنقذ هو انى سألت واحد من بتوع الديليفرى، لان هما طول النهار على الموتسيكل بيوصلوا طلبات فى عناوين مختلفه. و حافظين الشوارع زى اسمهم. و قالى على الطريق الصح. و الحمد لله وصلت و حضرت الكورس. و لكن و انا راجع مكنتش مركز، فا ركبت اتجاه غلط فى المترو. و اكتشفت بعديها بمحطتين. رحت نزلت لقيت خريطه متعلقه فى المحطه. و بصيت فيها و اتأكدت من الاتجاه اللى هركبه. و لاول مره فى اليوم اركب الاتجاه الصح و انا متأكد. و عرفت بعد كده انه يأما اعرف العنوان اللى هروحه كويس يأما اسأل بتوع الديليفرى!

كنت المفروض رايح احضر كورس ودة شيء كويس . لكن اللي مش كويس اني

مكنتش اعرف فين المكان غير انه في محطة اسمها تكنات المعادي . ودة كان

الجزء السهل في الموضوع . دخلت المترو في قطعت تذكره وركبت ونزلت المحطة .

واعتمدت على المثل المصري اللي بيقول (اللي يسأل ميتوهش) . ولكن نسيت

حاجة مهمة ان الناس مبيحبوش يقولوا معرفش . سألت اول واحد قابلته .

قالي : خش يمين وبعدين تاني شمال . ولما وصلت هناك ملقيتش السنتر

اللي هاخذ منه الكورس . وسألت واحد تاني قالي : انت ايه اللي جابك

هنا ؟ انت ترجع من مطرح ما جيت وخش شمال وبعدين تاني شمال .

قلتله شكراً . ومشيت وقلت اسأل اي حد وانا ماشي علشان اتأكد .

والمشكلة ان كل واحد بقى يقولي طريق مختلف . ومن اللحظة دي انا كدت اني

تهت . ولكن الحل المنقذ هو اني سألت واحد من بتوع الديليفري لانه هو طول

النهار على الموتوسيكل بيوصلوا طلبات في شوارع مختلفة . وحافظين الشوارع زي

اسمهم . وقالي على الطريق الصح . والحمد لله وصلت وحضرت الكورس . ولكن

وانا راجع مكنتش مركز فركبت اتجاه غلط في المترو . واكتشفت بعديها

بمحطتين. روحت نزلت لقيت خريطة متعلقة في المحطة، وبصيت فيها واتاكدت
من الاتجاه اللي هركب. ولأول مرة في اليوم اركب الاتجاه الصح وانا متأكد.
وعرفت بعد كده انه يا اما اعرف العنوان اللي هروحه كويس يا اما اسأل بتوع
الديليفري!

I had to go attend a course, and this is a good thing. But the bad thing was that I didn't know the place, except that it is at a station called Sakanat Elmaadi. And this was the easy part. I went into the metro station, bought a ticket, got on the train, and got off at the station. I relied on the Egyptian proverb "He who asks never gets lost." But I forgot something important: that people here don't like to say, "I don't know." I asked the first person I came across. He told me, "Turn right, then take the second left." And when I got there, I didn't find the center which I was going to take the course at. So I asked someone else who said to me, "What brought you here? Go back to where you came from and turn left and then the second left." I told him, "Thanks!" I walked and decided to ask anybody while I was walking to make sure. The problem was that everyone told me something different. And from that moment, I was sure that I was lost. But the solution was to ask a delivery man, as they are on their motorcycles all day delivering orders to different addresses, so they know the streets like the back of their own hands. He told me the right way. Then, thank God, I arrived and attended the class. But on my way back home, I wasn't paying attention, so I went the wrong way on the metro. And I realized this after two stops, so I got off and found a map in the station. I looked at it and made sure of the direction I was going to take the metro. And for the first time that day, I went the right way and was sure of it. I learned from that that I either should know the address I'm going to very well or I should ask a delivery man!

كُنْت المفْروض رايِح احْضر كورْس و ده شَيْء كُوَيِّس.	1 *	kunt ilmafrūɖ rāyiɧ áɧɖar kúrsə, wi da šēʔ kuwáyyis.	I-was should going I-attend course, and this thing good.
لكِن اللى مِش كُوَيِّس اِنِىّ مكُنْتِش اعْرف عن المكان غَيْر اِنُّه فى محطّه اِسْمها ثكنات المعادى.	2	lākin ílli miš kuwáyyis ínni ma-kúntiš á3raf 3an ilmakān ɣēr ínnu f maɧáʈʈa ismáha sakanāt ilma3ādi.	But that-which not good that-I I-wasn't I-know about the-place except that-it at station its-name Sakanat Elmaadi.
و ده كان الجُزْء السّهْل فى المَوْضوع.	3	wi da kān ílgúzʔ issáhlə fi -lmawɖū3.	And this was the-part the-easy.
دخلْت المِترْو، قطعْت تذْكره و ركِبْت و نزِلْت المحطّه.	4	daxált ilmítru, ʔaʈá3tə tazkára w rikíbtə w nizílt ilmaɧáʈʈa.	I-entered the-metro station, I-bought ticket and I-got-on, and I-got-off the-station.
و اِعْتمدْت علَى المثل المصْرى اللى بِيْقول (اللى يِسْأل مَيْتوهْش).	5	w i3tamádtə 3ála -lmásal ilmáʂri -lli biyʔūl "ílli yísʔal ma-ytúhš".	And I-relied on the-proverb the-Egyptian that says, "He-who asks doesn't-get-lost."
و لكِن نِسيت حاجه مُهِمّه اِنّ النّاس مبِيْحِبّوش يِقولوا معْرفْش.	6	wi lākin nisīt ɧāga muhímma inn innās ma-biyɧibbūš yiʔūlu ma-3ráfš.	But I-forgot thing important: that the-people don't-like they-say, "I-don't-know."
سألْت اوِّل واحِد قابلْتُه.	7	saʔált áwwil wāɧid ʔabíltu.	I-asked first person I-met.
قالّى: خُشّ يِمْين و بعْدَيْن تانى شْمال.	8	ʔálli: xúššə ymīn wi ba3dēn tāni šmāl.	He-told-to-me, "Turn right, and then second left."
و لمّا وِصِلْت هِناك ملقَيْتْش السّنْتر اللى هاخُد فيه الكورْس.	9	wi lámma wiʂíltə hināk ma-laʔítš issántar ílli hāxud fī ilkúrs.	And when I-arrived there, I-didn't-find the-center which I-will-take in-it the-course.
و سألْت واحِد تانى قالّى: اِنْتَ ايْه اللى جابك هِنا؟	10	wi saʔáltə wāɧid tāni ʔálli: ínta ʔē -lli gābak hína?	And I-asked someone else said-to-me, "You what that brought-you here?
اِنْتَ ترْجع مِن مطْرح ما جَيْت و خُشّ شْمال و بعْدَيْن تانى شْمال.	11	ínta tírga3 min máʈraɧ ma gēt wi xúššə šmāl wi ba3dēn tāni šmāl.	You you-return from place that you-came and turn left and then second left."
قُلْتِلُه شُكْراً.	12	ʔultílu šúkran.	I-said-to-him, "Thanks!"
و مْشيت و قُلْت اسْأل اىّ حد و انا ماشى علشان اتْأكِّد.	13	wi mšīt wi ʔult ásʔal áyyə ɧad wi ána māši 3alašān atʔákkid.	And I-walked and said I-ask any one and I walking so-that I-am-sure.
و المُشْكِله اِنّ كُلّ واحِد بقَى يْقولّى طريق مُخْتلِف.	14	w ilmuškíla ínnə kúllə wāɧid báʔa yʔúlli ʈarīʔ muxtálif.	And the-problem that everyone kept they-say-to-me way different.
و مِن اللحْظه دى اِتْأكِّدْت اِنِى تُهْت.	15	wi min illáɧʐa di itʔakkídt ínni tuht.	And from the-moment that, I-was-sure that-I I-was-lost.
و لكِن الحلّ المنْقِذ هُوَّ اِنِىّ سألْت واحِد مِن بِتوع الدّيليفرى،	16	wi lākin ilɧáll ilmúnqiz húwwa ínni saʔáltə wāɧid min bitū3 iddilīvari,	But the-solution the-saving it that-I I-asked someone from those-of the-delivery,

لِانّ هُمّا طول النّهار علَى الموتْسيكْل بِيْوَصّلوا طلبات فى عناوين مُخْتلِفه.	17	li-ínnə húmma ṭūl innahār 3ála -lmutsíkl, biywaṣṣálu ṭalabāt fi 3anawīn muxtálifa.	because they throughout the-day on the-motorcycle, they-deliver orders at addresses different,
و حافْظين الشّوارِع زَىّ اِسْمُهُم.	18	wi ɦafẓīn iššawāri3 zayy ismúhum.	And memorizing the-streets like their-names.
و قالّى علَى الطّريق الصّحّ.	19	wi ʔálli 3ála -ṭṭarīʔ iṣṣáɦɦ.	And he-said-to-me the-way the-correct.
و الحمْدُ لله وِصِلْت و حضرْت الكورْس.	20	w ilɦámdu li-llāh wiṣíltə w ɦaḍárt ilkúrs.	And, the-praise to-God, I-arrived and I-attended the-class.
و لكِن و انا راجِع مكُنْتِش مِركِّز، فا رِكِبْت اِتِّجاه غلط فى المِترْو.	21	wi lākin wi ána rāgi3 ma-kúntiš mirákkiz, fa rikíbt ittigāh ɣálaṭ fi -lmítru.	But while I returning, I-wasn't focusing, so I-got-on the-direction the-wrong in the-metro.
و اِكْتشفْت بعْديها بِمْحطّتَيْن.	22	w iktašáftə ba3dīha b-maɦaṭṭitēn.	And I-realized after-it by- two-stations.
رُحْت نْزِلْت لقَيْت خريطه مِتْعلّقه فى المحطّه.	23	rúɦtə nzílt, laʔēt xarīṭa mit3alláʔa fi -lmaɦáṭṭa.	I-went I-got-off, I-found map hanging in the-station.
و بصَّيْت فيها و اِتْأكِّدْت مِن الاِتِّجاه اللى هرْكبُه.	24	wi baṣṣít fīha w itʔakkídtə min ilʔittigāh ílli harkábu.	And I-looked at-it and I-made-sure of the-direction that I-will-get-on.
و لِاوِّل مرّه فى اليَوْم اركب الاِتِّجاه الصّحّ و انا مُتأكِّد.	25	wi li-áwwil márra fi -lyōm árkab ilʔittigāh iṣṣáɦɦ w ána mutaʔákkid.	And for-first time in the-day, I-get-on the-direction the-right and I certain.
و عِرِفْت بعْد كِده اِنُّه يأمّا اعرف العُنْوان اللى هروحُه كُوَيِّس يأمّا اسْأل بِتوع الدّيليفرى!	26 *	wi 3iríftə bá3də kída ínnu yaʔámma á3raf il3unwān ílli harūɦu kuwáyyis yaʔámma ásʔal bitū3 iddilīvari!	And I-learned after that that-it either I-know the-address that I-will-go-it well or I-ask those-of the-delivery!

1 - كان المفْروض kān ilmafrūḍ *was supposed to, had to* is followed by an imperfect verb (or active participle, as in line 1).

26 - يأمّا... يأمّا yaʔámma... yaʔámma either... or

The Sacrifice Feast

عيد الاضحى

ازيكم يا جماعه! من يومين كان اول يوم فى عيد الاضحى. عيد الاضحى هو تانى و اكبر اعيادنا كمسلمين، بس الحقيقه فى مصر بنحتفل بيه سوا: المسيحيين قبل المسلمين. العيد اربع ايام و اهم حاجه بتميزه هو "دبح الأضحيه"، توزيع لحمتها على القرايب و الفقراء، بس اللى بيقوم بالمهمه دى عندنا هما الرجاله. اما انا، فا العيد بالنسبه ليا بيتلخص فى تلات حاجات اساسيه: الحاجه الاولى هى صلاة العيد. و دى بتبقى فى اول يوم بعد وقت شروق الشمس بكام دقيقه كده. الناس بتنزل من بيوتها و تتجمع فى المساجد و الساحات الواسعه عشان يأدوا الصلاه. بالنسبه ليا ده اعظم جزء فى العيد و اكترهم بهجه و فرحه لانه بيتيح ليا انى اتفرج على شروق الشمس على النيل و انا فى طريقى للصلاه. ده مش متاح ليا فى الايام العاديه لان مينفعش انزل لوحدى فى وقت بدرى زى ده لانى بنت، شىء مؤسف فعلاً! الحاجه التانيه هى الفته. الفته و ما ادراكم ما الفته! ده افشخ اختراع امى بتعمله. و تعتبر الاكله الاساسيه لعيد الاضحى. عباره عن رز و عيش و لحمه بيتعملوا بطريقه معينه. بس صدقونى: اللى مداقش الفته قبل كده فا يتوه كتير اوى. تالت حاجه مهمه ليا هى "العيديه" و ده طقس لازم من طقوس الاعياد من ساعة ما كنت صغيره. العيديه ده مبلغ من الفلوس اياً كانت قيمته بناخده من قرايبنا (خال، عم، جد، اياً كان) لما نتجمع فى العيد، انا عمرى ما بكبر على العيديه. باقى ايام العيد بقضيها فى البيت، اكل و نوم، نوم و اكل. مش بقدر اخرج او اتفسح بسبب الزحمه الشديده و اللى بيترتب عليها من تحرش و قرف! العيد بالنسبه

ليا بيكون خلص كده. بس مبيكونش خلص بالنسبه للاطفال و الولاد. الاطفال بيكونوا مقضيينها لعب فى الشارع طول اليوم بـ"الديناميت و البومب" و دى عباره عن مفرقعات. و يرموها على اللى رايح و اللى جاى. مش هنكر ان الحاجات دى زمان كانت ممتعه بالنسبه ليا و كنت بلعب بيها كمان، بس دلوقتى بقت مجرد ازعاج، او تقدروا تقولوا ان كل ما بكبر بيقل احساسى بالعيد. و على النقيض الولاد بيحسوا بالعيد بطريقه مختلفه تماماً، مليانه مغامرات و اكشن. بس الافضل ان واحد منهم هو اللى يحكيلكم تجاربهم. يلا كل سنه و انتو طيبين.

ازيكم يا جماعة! من يومين كان اول يوم في عيد الاضحى. عيد الاضحى

هو تاني واكبر اعيادنا كمسلمين، بس الحقيقة في مصر بنحتفل بيه

سوا: المسيحيين قبل المسلمين العيد اربع ايام واهم حاجة بتميزه

هو "دبح الاضحية"، توزيع لحمتها على القرايب والفقرا، بس اللي بيقوم

بالمهمة دي عندنا الرجالة. اما انا فالعيد بالنسبة ليا بيتلخص في تلات حاجات

اساسية: الحاجة الاولى هي صلاة العيد ودي بتبقى اول يوم بعد

وقت شروق الشمس بكام دقيقة كده. الناس بتنزل من بيوتها

وتتجمع في المساجد والساحات الواسعة عشان يأدو الصلاة. بالنسبة

ليا ده أعظم جزء في العيد وأكتره بهجة وفرحة لانه بيتيح ليا

اني اتفرج على شروق الشمس على النيل وانا في طريقي للصلاة.

ده مش متاح ليا في الايام العادية لانه مينفعش انزل لوحدي

في وقت بدري زي ده لاني بنت، شي مؤسف خالص! الحاجة التانية

هي الفتة. الفتة وما ادراكم الفتة! ده افشخ اختراع اسمتعمله.

وتعتبر الاكلة الاساسية لعيد الاضحى. عبارة عن رز وعيش ولحمة

بيعملوا بطريقة معينة بس مختلفين . اللي مداقش الفتة

قبل كده فاتوه كتير اوي . تالت حاجة مهمة ليا هي "العيدية"

وده طقس لازم من طقوس الاعياد من ساعة ما كنت صغيرة . العيدية

ده مبلغ من الفلوس ايا كانت قيمته بناخده من قرايبنا

(خال ، عم ، جد ، ايا كان) لما نتجمع في العيد ، انا عمري ما بحصل

على العيدية . باقي ايام العيد بنقضيها في البيت ،

اكل ونوم ، نوم واكل . مش بنقدر نخرج او نتفسح بسبب الزحمة

الشديدة واللي بيترتب عليها من تحرش وقرف ! العيد بالنسبة ليا

بيكون خلص كده . بس مبيكونش خلص بالنسبة للاطفال والولاد .

الاطفال بيكونوا مقضيينها لعب في الشارع طول اليوم ب "الديناميت

والبومب" ودي عبارة عن مفرقعات . وبيرموها على اللي رايح

واللي جاي . مش هنكر ان الحاجات دي زمان كانت ممتعة بالنسبة

ليا وكنت بلعب بيها كمان ، بس دلوقتي بقت مجرد ازعاج ،

او تقدروا تقولوا ان كل ما بكبر بيقل احساس بالعيد .

وعلى النقيض الولاد بيحسوا بالعيد بطريقة مختلفة تماماً، مليانة

مغامرات واكشن. بس الأفضل إن واحد منهم هو اللي يحكيلكم تجاربهم.

يلا كل سنة وانتو طيبين.

Hi. How are you all? Two days ago was the first day of the Sacrifice Feast (Al-Adha). The Sacrifice Feast is the second and the biggest holiday for us as Muslims, but actually in Egypt we celebrate it together: Christians before Muslims! Al-Adha is four days and the most important thing that distinguishes it is "the slaughter of sacrificial animal" and giving its meat to family and the poor, but the ones who carry out this task here is the men. For me, the holiday boils down to main three things: The first is the "Eid Prayer". It's performed on the first day within a few minutes after sunrise. People come out of their homes, gather in the mosques and spacious squares to perform the prayer. For me that's the best part of the holiday, and the best part is the joy and pleasure because it allows me to watch the sunrise over the Nile river while I'm on my way to pray. This isn't allowed for me on normal days because there's no way I can go out alone at such an early hour because I'm a girl! It's a real pity! The second thing is "al-fatta". And what do you know about al-fatta! It's the best creation my mom cooks, and it's considered the main meal for the Adha feast. It consists of rice, bread, and meat prepared in a certain way. But believe me: he who hasn't tasted al-fatta before is missing out. The third thing that is important to me is "al-eidiah" and that's been an essential holiday ritual ever since I was little. "Eidiah" is an amount of money—whatever its value—we get from our relatives (uncle, grandfather, whoever) when we get together on the holiday. However, I never get too old for "al-eidiah!" I spend the rest of the days at home, eating and sleeping, sleeping and eating. I can't go out or hang out because of the excessive crowds and the harassment and filth that comes with it. For me, the holiday is thus over. But it's not over for kids, and boys. Kids spend all day playing in the street with "dynamite and bomb"--which are firecrackers. And they keep throwing them on everyone who passes by. I won't deny that this stuff used to be fun for me, and I'd play with them too, But now it has just become annoying for me, or you can say that the older I get the less I care about the holiday. On the other hand, boys feel differently about the holiday all together, full of adventure and action. But it'd better for one of them to tell you about their experiences Happy Blessed Adha Feast, All!

اِزَّيْكُمْ يا جماعه!	1 *	izzáykum ya gamā3a!	How-you o everyone?
مِن يَوْمَيْن كان اوِّل يَوْمِ فى عيد الاضْحَى.	2	min yumēn kān áwwil yōm fi 3īd ilʔáɖɧa.	From two-days was first day in Holiday the-Sacrifice.
عيد الاضْحَى هُوَّ تانى و اكْبر اعْيادْنا كمُسْلِمين،	3	3īd ilʔáɖɧa húwwa tāni wi ákbar a3yádna ka-muslimīn,	Holiday the-Sacrifice it second and biggest our-holiday as Muslims,
بسّ الحقيقه فى مصْر بْنِحْتِفِل بيه سَوا: المسيحِيين قبْل المُسْلِمين.	4	bass ilɧaʔīʔa f máʂrə bniɧtífil bī sáwa: ilmasīɧiyīn ʔabl ilmuslimīn.	but the-truth in Egypt we-celebrate in-it together: the-Christians before the-Muslims!
العيد ارْبع ايّامِ و اهمّ حاجه بِتْميِّزْه هُوَّ "دبْح الأُضْحيه"، تَوْزيع لحْمِتْها علَى القُرايِب و الفُقراء، بسّ اللى بِيْقوم بِالمُهِمّه دى عنْدِنا هُمّا الرِّجاله.	5 *	il3īd árba3 ayyām wi ahámmə ɧāga bitmayyízu húwwa "dabɧ ilʔuɖɧíyya", tawzī3 laɧmítha 3ála -lʔurāyib w ilfúʔara, bass ílli biyʔūm bi-lmuhímma di 3andína húmma -rrigāla.	The-holiday four days and most-important thing distinguishes-it it "slaughter the-sacrificial-animal" distribution its-meat to the-relatives and the-poor, but those-who carry-out with-the-task this at-us they the-men.
امّا انا، فا العيد بِالنِّسْبه لِيّا بِيِتْلخّص فى تلات حاجات اساسيه:	6 *	ámma ána, fa -l3īd bi-nnísba líyya biyitláxxaʂ fi tálat ɧagāt asāsíyya:	As-for I, the-holiday as-for to-me ends in three things main:
الحاجه الاُولَى هِىَّ صلاة العيد.	7	ilɧāga -lʔūla híyya ʂalāt il3īd.	The-thing the-first it prayer the-holiday.
و دى بِتِبْقَى فى اوِّل يَوْمِ بعْد وقْت شْروق الشّمْس بِكامِ دِقيقه كِده.	8 *	wi di bitíbʔa f áwwil yōm bá3də wáʔtə šrūʔ iššámsə b-kám diʔīʔa kída.	And this begins in first day after time rising the-sun by-few minute or-so.
النّاس بِتِنْزِل مِن بُيوتْها و تِتْجمّع فى المساجِد و السّاحات الواسْعه عشان يِأدّوا الصّلاه.	9	innās bitínzil min buyútha w titgámma3 fi -lmasāgid wi issaɧāt ilwás3a 3ašān yiʔáddu -ʂʂála.	The-people descend from their-houses and gather in the-mosques and the-squares the-spacious so-that they-perform the-prayer.
بِالنِّسْبه لِيّا ده اعْظمِ جُزْء فى العيد و اكْترْهُمِ بهْجه و فرْحه لاِنُّه بِيْتيح لِيّا اِنّى اتْفرّج علَى شْروق الشّمْس علَى النّيل و انا فى طريقى لِلصّلاه.	10	bi-nnísba líyya da á3ʐam gúzʔə fi -l3īd wi aktárhum báhga w fárɧa li-ínnu biytīɧ líyya ínni atfárrag 3ála šrūʔ iššámsə 3ála -nnīl w ána f ʈarīʔi li-ʂʂála.	As-for to-me this greatest part in the-holiday and biggest-of-them joy and pleasure because-it allows to-me that-I I-watch to setting the-sun on the-Nile and I in my-way to the-prayer.
ده مِش مُتاح لِيّا فى الايّامِ العاديه لاِنّ مَيِنْفَعْش انْزِل لِوَحْدى فى وقْت بدْرى زَىّ ده لاِنّى بِنْت، شَىْء مُؤْسِف فِعْلاً!	11	da miš mutāɧ líyya fi -lʔayyām il3adíyya li-ínnə mayinfá3š ánzil li-wáɧdi f wáʔtə bádri záyyə da li-ínni bint, šáyʔə múʔsif fí3lan!	This not allowed for-me in the-days the-normal because there's-no-way I go-out alone at time early like this because-me girl, thing saddening indeed!

الحاجه التّانْيه هِيَّ الفتّه.	12	ilḫāga -ttánya híyya -lfátta.	The-thing the-second it "al-fatta".
الفتّه و ما ادْراكُم ما الفتّه!	13	ilfátta w ma -drākum ma -lfátta!	Al-fatta and what I know-you what al-fatta!
ده افْشخ اِخْتِراع اُمّى بِتِعْمِلُه.	14	da áfšax ixtirā3 úmmi biti3málu.	That f*ckin'-best creation mom-my makes-it,
و تُعْتبر الاكْله الاساسيه لِعيد الاضْحَى.	15	wi tu3tábar ilʔákla -lʔasasíyya li-3īd ilʔáḍḫa.	and it's-considered the-dish the-main for Holiday the-Sacrifice.
عِباره عن رُزّ و عَيْش و لحْمه بِيِتْعِمِلوا بِطريقه مُعَيِّنه.	16	3ibāra 3an rúzzə w 3ēš wi láḫma biyit3ímilu bi-ṭarīʔa mu3ayyína.	It-consists of rice and bread and meat they-are-prepared in-way certain.
بسّ صدّقونى: اللى مداقْش الفتّه قبْل كِده فا يْتوه كْتير اوى.	17	bássə ṣaddaʔūni: ílli ma-dáʔš ilfátta ʔáblə kída fa ytūh ktīr áwi.	But believe-me: he-who didn't-taste before this al-fatta, thus he-loses much very.
تالِت حاجه مُهِمّه لِيّا هِيَّ "العيديه" و ده طقْس لازِم مِن طُقوس الاعْياد مِن ساعة ما كُنْت صُغيّره.	18 *	tālit ḫāga muhímma líyya híyya "il3idíyya" wi da ṭáʔsə lāzim min ṭuʔūs ilʔa3yād min sā3it ma kúntə ṣuɣayyára.	Third thing important to-me it "al-eidiah" and that ritual necessary of rituals the-holidays from time that I-was little.
العيديه ده مبْلغ مِن الفلوس ايّاً كانِت قيمْتُه بِناخْدُه مِن قُرايِبْنا (خال، عمّ، جدّ، ايّاً كان) لمّا نِتْجمّع فى العيد، انا عُمْرى ما بكْبر علَى العيديه.	19	il3idíyya da máblaɣ min ilfilūs áyyan kānit ʔímtu bináxdu min ʔurayíbna (xāl, 3amm, gidd, áyyan kān) lámma nitgámma3 fi -l3īd, ána 3úmri ma bákbar 3ála -l3idíyya.	"Al-eidiah" this amount of the-money–whatever was value-its–we-get-it from relatives-our (maternal-uncle, paternal-uncle, grandfather, whoever) when we-get-together in the-holiday, I-never I-get-old for "al-eidiah!"
باقى ايّام العيد بقضّيها فى البَيْت، اكْل و نَوْم، نَوْم و اكْل.	20	bāʔi ayyām il3īd baʔaḍḍīha fi -lbēt, áklə w nōm, nōm wi akl.	Rest days the-holiday I-spend-them at the-house, food and sleep, sleep and food.
مِش بقْدر اخْرُج اَوْ اتْفسّح بِسبب الزّحْمه الشّديده و اللى بِيِتْرتِّب علَيْها مِن تحرُّش و قرف!	21	miš báʔdar áxrug aw atfássaḫ bi-sábab izzáḫma iššadīda w ílli biyitráttib 3alēha min taḫárruš wi ʔáraf!	Not I-can I-go-out or I-hang-out with-reason the-crowd the-intense and that-which follows upon-it of harassment and filth.
العيد بِالنِّسْبه لِيّا بِيْكون خِلِص كِده.	22	il3īd bi-nnísba líyya biykūn xíliṣ kída.	The-holiday as-for to-me is it-finished thus.
بسّ مبِيْكونْش خِلِص بِالنِّسْبه لِلاطْفال و الوِلاد.	23	bássə ma-biykúnšə xíliṣ bi-nnísba li-lʔaṭfāl w ilwilād.	But it-isn't it-finished as-for to-the-children and the-boys.

الاطْفال بِيْكونوا مِقضِّيينْها لِعْب فى الشّارِع طول اليَوْم بِـ"الدّيناميت و البومْب" و دى عِباره عن مُفرْقعات.	24	il?aṭfāl biykūnu mi?aḍḍiyínha lí3bə fi -ššāri3 ṭūl ilyōm bi-"iddinamīt w ilbumb" wi di 3ibāra 3an mufarqa3āt.	The-children are spending-it playing in the-street throughout the-day with-"the-dynamite and the-bomb" and this consists of firecrackers.
و يِرْموها علَى اللى رايِح و اللى جاىّ.	25	wi yirmūha 3ála -lli rāyiḫ w ílli gayy.	And they-throw-them at those-who going and those-who coming.
مِش هنكِر اِنّ الحاجات دى زمان كانِت مُمْتِعه بِالنِّسْبه لِيّا و كُنْت بلْعب بيها كمان،	26	miš hánkir inn ilḫagāt di zamān kānit mumtí3a bi-nnísba líyya w kúntə bál3ab bīha kamān,	Not I'll-deny that the-things these used-to was fun as-for to-me and I-was I-play with-it also.
بسّ دِلْوَقْتى بقِت مُجرّد اِزْعاج، اَوْ تِقْدروا تْقولوا اِنّ كُلّ ما بكْبر بِيْقِلّ اِحْساسى بِالعيد.	27	bássə dilwá?ti bá?it mugárrad iz3āg líyya, aw ti?dáru t?ūlu ínnə kúllə ma bákbar biy?íll iḫsāsi bi-l3īd.	But now it-became mere annoyance to-me, or you-say that all that I-get-big it-decreases my-feeling with-the-holiday.
و علَى النّقيض الوِلاد بِيْحِسّوا بِالعيد بِطريقه مُخْتلِفه تماماً، ملْيانه مُغامرات و اكْشن.	28	wi 3ála -nna?īḍ ilwilād biyḫíssu bi-l3īd bi-ṭarī?a muxtálifa tamāman, malyāna muɣamarāt wi ákšan.	And on the-contrary, the-boys they-feel with-the-holiday in-way different completely, filled adventures and action.
بسّ الافْضل اِنّ واحِد مِنْهُم هُوَّ اللى يِحْكيلْكُم تجارُبْهُم.	29	bass il?áfḍal ínnə wāḫid mínhum huwwá -lli yiḫkílkum tagarúbhum.	But the-best that one from-them he who tells-to-you their-experiences.
يلّا كُلّ سنه و اِنْتو طَيِّبين.	30	yálla kúllə sána w íntu ṭayyibīn.	Well, every year and you fine.

1 - يا جماعه ya gamā3a *you all, everyone* is used to address a group of friends.

5 - After the numbers 3-10, ايّام (normally ayyām) is pronounced tiyyām. • عنْدِنا 3andína refers to refers to one's place or origin or community, and can translate as *in my country, where I'm from,* etc.

6 - امّا انا فـ ámma ána fa- and بِالنِّسْبه لِيّا bi-nnísba líyya both mean *as for me.* The redundancy adds emphasis.

8 - كِده kída is a common discourse particle used at the end of an utterance. It does not have any real meaning, and can translate as *you know, something like that,* or is more often left untranslated.

18 - indefinite singular noun + مِن + definite plural noun emphasizes the indefiniteness of the singular noun and that it is one of many. Another common example is فى يَوْم مِن الايّام fi yōm min il?ayyām *one day, one of these days.*

Mostafa and the Sheep

مصطفى و الخروف

العيد فاضل عليه ايام قليله و الناس كلها بتستعد. و اكيد انا واحد من الناس دى، بحيث انى بساعد امى فى تنظيف الشقه و اجيب شوية حاجات من السوق استعداداً للعزومات و الزيارات اللى بتحصل فى العيد. كل اللى فات ده كوم و اللى جاى كوم تانى، حيث انى اكتر حاجه بحبها فى تجهيزات العيد هى انى اروح مع ابويا علشان نروح نجيب خروف العيد. و بالفعل جهزنا نفسنا علشان نلف على شوية جزارين. و حاطين فى حسابنا المواصفات اللى عايزينها. رحنا لاول جزار، لقينا عنده كذا خروف كويس، بس كانت المشكله ان الخرفان كانت منفوخه و حجمها كبير. و ده بسبب ان الجزار بيحط ملح كتير فى العلف بتاع الخروف، فا بيخلى الخروف يشرب ميه كتير، فلما تيجى توزنه، بيبقى وزنه كبير بسبب الميه اللى فى جسمه. فا رحنا لجزار تانى، لقينا عنده خرفان بتجرى و صحتها حلوه و النوع ده مبيبقاش مليان دهون و اتفقنا مع الجزار و كان بيبيع الكيلو بحوالى تمانيه و تلاتين جنيه. و المشكله كانت فى نقل الخروف من الجزار لبيتنا. بعد محاولات كتيره قدرنا نحط الخروف على عربيه نص نقل، وصلته لحد البيت. بس بمجرد ما العربيه وقفت الخروف نط من العربيه و طلع يجرى فى الشارع. و طبعاً الشارع كله طلع يجرى وراه، و الحمد لله مسكناه و هديناه شويه، و جبناله شوية برسيم علشان نعرف نطلعه على سلالم العماره و دخلناه البلكونه و ربطناه هناك. و احلى حاجه انى كل يوم هاكله بإيدى لحد ما ييجى يوم العيد.

العيد فاضل له ايام قليلة والناس كلها بتستعد . و العيد انا زي الناس عادي ،
بحيث اني باساعد امي في تنظيف الشقة واجيب شوية حاجات من السوق استعداداً
للعزومات والزيارات اللي بتحصل في العيد . كل اللي فات ده كوم واللي جاي كوم
تاني ، حيث ان اكتر حاجة بحبها في تجهيزات العيد هي اني اروح مع ابويا علشان
نروح نجيب خروف العيد . وبالفعل جهزنا نفسنا علشان نلف على شوية جزارين .
وحاطين في دماغنا المواصفات اللي احنا عايزينها . رحنا لاول جزار ، لقينا عنده كذا
خروف كويس ، بس كانت المشكلة ان الخرفان كانت منفوخة وحجمها كبير ،
وده بسبب ان الجزار بيحط ملح كتير في العلف بتاع الخروف ، فابيخلي الخروف
يشرب مية كتير فالماية تجيب وزنه ، يبقى وزنه كبير بسبب المية اللي في
جسمه . فرحنا لجزار تاني ، لقينا عنده خرفان بلدي وصحتها حلوة والنوع ده
مبيبقاش مليان دهون واتفقنا مع الجزار وكان بيبيع الكيلو بحوالي تمانية
وتلاتين جنيه . والمشكلة كانت في نقل الخروف من الجزار لبيتنا . بعد محاولات
كتيرة قدرنا نحط الخروف على عربية نص نقل ، ووصلت لحد البيت . بس بمجرد
ما العربية وقفت الخروف نط من العربية وطلع يجري في الشارع . وطبعاً

الشارع كله طلع يجري وراه بس والحمد لله مسكناه وهديناه شوية وجبناله

شوية برسيم علشان نعرف نطلع على سلالم العمارة ودخلناه البلكونة وربطناه هناك.

والحلو حاجة اني كل يوم هاكله بايدي لحد ما ييجي يوم العيد.

There are just a few days left until the holiday the Sacrifice Feast, and everyone is getting ready. And of course I am one of them, as I help my mother clean our apartment and get some goods from the market in preparation for meals and visits that take place during the holiday. All of these things were a far cry from what was next, as the thing I like the most about these preparations is going with my father to buy a sheep. And we prepared ourselves to look around for some butchers. And we took into account the qualities that we wanted in it a sheep. We went to the first butcher and found he had some good sheep, but the problem was that the sheep were swollen and their bodies were big. And this was because the butcher put a lot of salt in the sheep's feed, and it makes the sheep drink a lot of water, so when you weigh them, they weigh a lot due to the water in their bodies. So we went to another butcher, and we found he had sheep running around and their health was good and this kind of sheep doesn't have much fat. So we made the deal with the butcher, who was selling them for around 38 Egyptian pounds per kilo. The problem was how to transport the sheep to our home. After many tries, we managed to get the sheep onto a pickup truck, which transported the sheep to the house. But as soon as the car stopped, the sheep jumped out of the vehicle and started to run down the street. All the people in the street started running after him, but thankfully we were able to catch him and calm him down a bit, and we gave him a little alfalfa, so we could get up up the stairs of the apartment building, and we put him on the balcony and tied him up there. And what's nice is I'll feed him by hand every day until the day of the holiday comes.

العيد فاضِل علَيْه ايّام قُليِّله و النّاس كُلّها بْتِسْتعِدّ.	1 *	il3īd fāḍil 3alē ayyām ʔulayyíla w innās kulláha btista3ídd.	The-holiday remaining to-it days few and the-people all-of-them get-ready.
و اكيد انا واحِد مِن النّاس دى،	2	wi akīd ána wāħid min innās di,	And surely I one of-the-people these,

بِحَيْث اِنِّى بساعِد اُمِّى فى تنْظيف الشّقّه	3 *	biɧēs ínni basā3id úmmi f tanẓīf iššáʔʔa	as-me I-help mother-my in cleaning the-apartment
و اجيب شُوَيِّة حاجات مِن السّوق اِسْتِعْداداً لِلعُزومات و الزِّيارات اللى بْتِحْصل فى العيد.	4	wi agīb šuwáyyit ɧagāt min issūʔ isti3dādan li-l3uzumāt w izziyarāt ílli btíɧṣal fi -l3īd.	and I-bring a-few things from the-market in-preparation for-the-means and the-visits that happen in the-holiday.
كُلّ اللى فات ده كَوْم و اللى جاىّ كَوْم تانى،	5 *	kull ílli fāt da kōm w ílli gáyyə kōm tāni,	All that passed this heap and that-which coming heap another,
حَيْث اِنِّى اكْتر حاجه بحِبّها فى تجْهيزات العيد هِىَّ اِنِّى اروح معَ ابويا علشان نِروح نِجيب خروف العيد.	6	ɧēs ínni áktar ɧāga baɧibbáha f taghizāt il3īd híyya ínni arūɧ má3a abūya 3alašān nirūɧ nigīb xarūf il3īd.	as-me most thing I-like-it in preparations the-holiday they that-I I-go with my-father so-that we-go we-get sheep the-holiday.
و بِالفِعْل جهِّزْنا نفْسِنا علشان نِلِفّ علَى شْوَيِّة جزّارين.	7	wi bi-lfí3l, gahhízna nafsína 3alašān nilíffə 3ála šwayyit gazzarīn.	And in-fact, we-prepared self-our so-that we-look-around for a-few butchers.
و حاطّين فى حْسابْنا المُواصفات اللى عايْزينْها.	8	wi ɧaṭṭīn fi ɧsábna -lmuwaṣafāt ílli 3ayzínha.	And taking in account-our the-qualities that wanting-them.
رُحْنا لِاوِّل جزّار، لقَيْنا عنْدُه كذا خروف كُوَيِّس،	9	rúɧna li-áwwil gazzār, laʔēna 3ándu káza xarūf kuwáyyis,	We-went to-first butcher, we-found he-has some sheep good,
بسّ كانِت المُشْكِله اِنّ الخِرْفان كانِت منْفوخه و حجْمها كْبير.	10	bássə kānit ilmuškíla inn ilxirfān kānit manfūxa w ɧagmáha kbīr.	but was the-problem that the-sheep were swollen and size-their big.
و ده بْسبب اِنّ الجزّار بِيْحُطّ مِلْح كْتير فى العلف بِتاع الخروف،	11	wi da bsábab inn ilgazzār biyɧúṭṭə mílɧə ktīr fi -l3ālaf bitā3 ilxarūf,	And this for-reason that the-butcher puts salt much in the-feed of the-sheep,
فا بِيْخلّى الخروف يِشْرب ميّه كْتير،	12	fa biyxálli -lxarūf yíšrab máyya ktīr,	so it-makes the-sheep drink water much,
فا لمّا تيجى توْزِنُه، بِيِبْقَى وزْنُه كْبير بِسبب الميّه اللى فى جِسْمُه.	13	fa lámma tīgi tiwzínu, biyíbʔa wáznu kbīr bi-sábab ilmáyya -lli f gísmu.	so when you-come you-weigh-it, it-becomes its-weight big for-reason the-water that in its-body.

فا رُحْنا لْجزّار تانى، لقَيْنا عنْدُه خِرْفان بِتجْرى و صِحِّتْها حِلْوَه و النَّوْع ده مبْيِبْقاش ملْيان دهون	**14**	fa rúɦna l-gazzār tāni, laʔēna 3ándu xirfān bitígri w ṣiɦɦítha ɦílwa w innō3 da ma-byibʔāš malyān dahūn	so we-went to-butcher another, we-found he-has sheep run and health-their nice and the-kind this doesn't-become filled fat.
و اِتّفقْنا معَ الجزّار و كان بِيْبيع الكيلو بِحَوالى تمانْيه و تلاتين جنَيْه.	**15**	w ittafáʔna má3a -lgazzār wi kān biybī3 ilkīlu bi-ɦawāli tamánya w talatīn ginēh.	And we-agreed with the-butcher and he-was he-sells the-kilo at-about eight and thirty pound.
و المُشْكِله كانِت فى نقْل الخروف مِن الجزّار لِبيْتْنا.	**16**	w ilmuškíla kānit fi naʔl ilxarūf min ilgazzār li-bítna.	And the-problem was in transporting the-sheep from the-butcher to-our-house.
بعْد محاوَلات كِتيره قِدِرْنا نِحُطّ الخروف علَى عربيه نُصّ نقْل، وصّلْتُه لْحدّ البيْت.	**17**	bá3də maɦawalāt kitīra ʔidírna niɦúṭṭ ilxarūf 3ála 3arabíyya núṣṣə naʔl, waṣṣalítu l-ɦadd ilbēt.	After trials many, we-could we-put the-sheep on pickup-truck [car-half-transport], delivered-it until home.
بسّ بِمُجرّد ما العربيه وِقْفِت الخروف نطّ مِن العربيه و طِلِع يِجْرى فى الشّارِع.	**18**	bássə bi-mugárrad ma -l3arabíyya wíʔfit ilxarūf náṭṭə min il3arabíyya w ṭíli3 yígri f iššāri3.	But as-soon-as the-car stopped the-sheep jumped from the-car and it-started it-runs in the-street.
و طبْعاً الشّارِع كُلُّه طِلِع يِجْرى وراه، و الحمْدُ لله مِسِكْناه و هدّيْناه شُوَيّه،	**19**	wi ṭáb3an iššāri3 kúllu ṭíli3 yígri warā, w ilɦámdu li-llāh misiknā w haddinā šuwáyya,	And naturally the-street all-it began runs behind-it, and the-praise to God we-caught-it and we-calmed-it a-little,
و جِبْنالُه شْوَيّة برْسيم علشان نِعْرف نِطلّعُه علَى سلالِم العِماره و دخّلْناه البلكَوْنه و ربّطْناه هْناك.	**20**	wi gibnālu šwáyyit barsīm 3alašān ní3raf niṭallá3u 3ála salālim il3imāra w daxxalnā -lbalakōna w rabbaṭnā hnāk.	and we-brought-to-it a-little alfalfa so-that we-can we-bring-up[stairs]-it on the-stairs the-apartment-building and we-put-out-it the-balcony and we-tied-it there.
و احْلَى حاجه اِنِّى كُلّ يَوْم هاكّلُه بِإيدى لْحدّ ما يِيجى يَوْم العيد.	**21** *	wi áɦla ɦāga ínni kúllə yōm hakkálu bi-īdi l-ɦáddə ma yīgi yōm il3īd.	And nicest thing that-I every day I-will-feed-it by-my-hand until comes day the-holiday.

1 - فاضِل علَى fāḍil 3ála literally *remaining until*: فاضِل شهْرَيْن علَى الاِمتِحانات fāḍil šahrēn 3ála -lʔimtihanāt *There are two months (left) until the exams.* (فاضِل fāḍil is invariable.) • Notice that Mostafa uses ناس nās as a feminine singular noun, as seen by its pronoun and verbs in lines 1 and 2. It is also common to use it with plural agreement.

3 - بِحَيْث اِنّ bi-ɧēs ínn and حَيْث اِنّ ɧēs ínn are synonymous with عشان 3ašān and علشان 3alašān, normally meaning *because, since, as,* but before a bare imperfect verb *in order to, so that*.

5 - __ كَوْم و __ كَوْم (kōm) is an idiom meaning that __ and __ are completely different things: ده كَوم و ده كَوْم da kōm wi da kōm *These are two entirely separate matters.*

21 - لِحدّ ما li-ɧáddə ma *until* can be followed by a perfect or bare imperfect verb.

Yomna Takes Her Son to Work

يمنى اخدت ابنها الشغل

امبارح مع بداية شهر سبتمبر، كان لازم ادفع لابنى مصاريف الشهر الجديد فى الحضانه. و مع تأخير مرتبى، لقيت ان افضل حل انى موديهوش خالص. طب و بعدين؟ قررت اخده معايا الشغل. طبعاً كان قرار ندمت عليه بعد كده. طول الطريق للشغل فضلت احفظه الوصايا التلاته: النظام، الهدوء، النضافه. بصراحه منكرش، الولد كان ملتزم الى حد كبير. طلب نسكويك و مسك الـIPAD و فضل يلعب. اكل سندوتش و شرب عصير و دخل الحمام تمان مرات. كل ده جميل. المشكله بقى حصلت النهارده. خلاص، الحاجات اللى عملها امبارح و كانت مسلياه، اتعود عليها، و بقى عايز اثاره اكتر. بعد ما شرب نسكويك و قعد قدام الكمبيوتر شويه، بدأ يقوم يستكشف المكان، يفتح الدواليب و يقفلها، يفتح فى الادراج، يشم الـMHM، يدبس اى ورق بالدباسه. اكتر حاجه ضحكتنى لما لزق tape على عينه، قعد يقولّى: انا مش شايف حاجه! الاسوء كان لما دخل الحمام. طبعاً انا اعتمدت على انه دخل امبارح تمان مرات، خلاص اتعود و عارف المكان، و سبته يدخل لوحده. فجأه سمعته باعلى صوته بينادى: ماما ماما رحتله جرى، خير، يا حبيبي، فيه ايه؟ لقيته بيقولّى: ماما، انا مش عارف افتح الميه. اتغظت منه بصراحه. قلتله: يا حبيبى ما انت استعملتها امبارح. خلص يلا و اخرج. و خرجت من عنده و فى نيتى قرار، قرار واحد بس: بكره الصبح هستلف الفلوس و هيروح الحضانه.

امبارح مع بداية شهر سبتمبر، كان لازم ادفع لابني مصاريف
الشهر الجديد في الحضانة. ومع تأخير مربيتي، لقيتها انه افضل
حل انى مودى يروحش خالص. جنبا و بديه؟ قررت اخده
معايا الشغل. طبعاً كان قرار ندمت عليه بعد كده. طول
الطريق للشغل فضلت احفظه الوصايا التلاتة: النظام، الهدوء،
النضافة. بصراحة منكرش، الولد كان ملتزم الى حد كبير.
طلب نسكويك ومسك الـIPAD وفضل يلعب. اكل سندوتش
وشرب عصير ودخل الحمام تمان مرات. كل ده جميل. المشكلة
بقى حصلت النهارده. خلاص، الحاجات اللى عملها امبارح وكانت
مسلياه، القعود عليها، وبقى عايز اثارة اكتر. بعد ما شرب
نسكويك وقعد قدام الكمبيوتر شوية، ابدا يقوم يستكشف المكان،
يفتح الدواليب ويقفلها، يفتح في الادراج، يشم الـHHH، يدبس
اي ورق بالدباسة. اكتر حاجة ضحكتني لما لزق Tape على
عينه، وقعد يقولي: انا مش شايف حاجة! الاسود كان لما دخل

الحمام. طبعاً انا اعتمدت على انه دخل امبارح تمان مرات،
خلاص اتعود وعارف المكان، وسبته يدخل لوحده. فجأة
سمعته بأعلى صوته بينادي: ماما ماما. رحتله جري،
خير يا حبيبي، فيه ايه؟ لقيته بيقولي: ماما، انا مش عارف
افتح الميه. اتغظت منه بجد. قلتله: يا حبيبي ما انت
استعملت امبارح. خلاص يلا واخرج. وخرجنا من عنده وبقى
بيني قرار، قرار واحد بس: بكره الصبح هسلف الفلوس
وهيروح الحضانة.

Yesterday, the beginning of September, I needed to pay for my son's fees for a new month at preschool. But with my salary not paid yet, I found that the best solution was not to send him to school at all. Well, and then? I decided to take him with me to work. And of course it was a decision I later regretted. All the way to my work, I kept dictating him the three commandments: Order, Quiet and Cleanliness. To be honest, I can't deny that the boy was committed to a large extent. He asked for a Nesquik and held the iPad and kept playing. He ate a sandwich, and drank a juice, and went to the toilet eight times. All that was okay. Today was the problem. Well, the things that he did yesterday and were fun for him, he'd gotten used to, and he needed more excitement. After drinking Nesquik and playing on the computer for a while, he began exploring the place, opening and closing cupboards, opening drawers, smelling UHU glue, stapling paper. What made me laugh most was when he put tape on his eyes and kept saying, "I can't see anything!" But the worst was when he went to the toilet. I trusted in the fact that he went eight times yesterday, and he is used to and knows the place now, so I let him go by himself. Suddenly, I heard him shouting loudly, "Mom! Mom!" I hurried to him and said, "Honey, what's the matter?" He replied, "I can't turn the faucet on." Honestly, I was so peeved. I told him, "Sweetie, you used it yesterday. Come-on, finish up and come out." Then and there I had one intention: Tomorrow morning I'll borrow money and he will go to preschool.

اِمْبارِح معَ بْداية شهْر سبْتمْبر، كان لازِم ادْفع لابْنى مصاريف الشّهْر الجديد فى الحضانه.	1	imbāriḫ má3a bdāyit šáhrə sabtámbar, kān lāzim ádfa3 l-íbni maṣarīf iššahr ilgadīd fi -lḫaḏāna.	Yesterday, with beginning month September, it-was needing I-pay for-my-son fees the-month the-new in the-preschool.
و معَ تأْخير مُرتّبى، لقَيْت اِنّ افْضل حلّ اِنى مَوَدّيهوش خالص.	2	wi má3a taʔxīr murattábi, laʔēt inn áfḏal ḫall ínni ma-waddihūš xālaṣ.	And with lateness my-salary, I-found that best solution that-I I-not-take-him at-all.
طب و بعْدَيْن؟	3	ṭab, wi ba3dēn?	Well, and then?
قرّرْت اخُدْه معايا الشُّغْل.	4	qarrárt áxdu ma3āya -ššuɣl.	I-decided I-take-him with-me the-work.
طبْعاً كان قرار ندِمْت علَيْه بعْد كِده.	5	ṭáb3an kān qarār nidímtə 3alē bá3də kída.	Surely it-was decision I-regretted on-it after that.
طول الطّريق لِلشُّغْل فِضِلْت احفّظْه الوَصايا التّلاته:	6 *	ṭūl iṭṭarīʔ li-ššúɣl, fiḏílt aḫaffáẓu -lwaṣāya -ttalāta:	Throughout the-way to-the-work, I-kept I-dictate-him the-commandments the-three:
النِّظام، الهِدوء، النّضافه.	7	inniẓām, ilhidūʔ, innaḏāfa.	The-order, the-quiet, the-cleanliness.
بِصراحه منْكِرْش، الوَلد كان مِلْتزِم اِلَى حدّ كْبير.	8	bi-ṣarāḫa ma-nkírš, ilwálad kān miltázim íla ḫáddə kbīr.	With-candor, I-won't-deny the-boy was committed to extent large.
طلب نسْكْويك و مِسِك الـIPAD و فِضِل يِلْعب.	9	ṭálab naskwīk wi mísik il-"iPad" wi fíḏil yíl3ab.	He-requested Nesquik and held the-iPad and kept plays.
اكل سنْدوِتْش و شِرِب عصير و دخل الحمّام تمان مرّات.	10	ákal sandawítš, wi širib 3aṣīr wi dáxal ilḫammām táman marrāt.	He-ate sandwich, and drank juice, and entered the-toilet eight times.
كُلّ ده جميل.	11	kúllə da gamīl.	All that fine.
المُشْكِله بقَى حصلِت النّهارْده.	12	ilmuškíla báʔa ḫáṣalit innahárda.	The-problem then it-happened today.
خلاص، الحاجات اللى عملْها اِمْبارِح و كانِت مِسلِّيّاه، اِتْعوِّد علَيْها،	13 *	xalāṣ, ilḫagāt ílli 3amálha imbāriḫ wi kānit misalliyyā, it3áwwid 3alēha,	Well, the-things that he-did-them yesterday and were amusing-him, he-became-accustomed to-them,
و بقَى عايِز اثارْه اكْتر.	14 *	wi báʔa 3āyiz itāra áktar.	and then wanting excitement more.

بعْد ما شرِب نسْكويك و قعد قُدّام الكُمْبيوتر شُوَيّه،	15	bá3də ma šírib naskwīk wi ʔá3ad ʔuddām ilkumbyūtar šuwáyya,	After that he-drank Nesquik and he-sat in-front-of the-computer a-bit,
بدأ يِقوم يِسْتكْشِف المكان، يِفْتح الدَّواليب و يِقْفِلْها، يِفتّح فى الادْراج، يِشِمّ الـUHU، يِدبِّس اىّ ورق بِالدّبّاسه.	16	bádaʔ yiʔūm yistákšif ilmakān, yífattaɦ iddawalīb wi yiʔfílha, yífattaɦ fī -lʔadrāg, yišímm il-*UHU*, yidábbis áyyə wáraʔ bi-ddabbāsa.	He-began he-goes he-explores the-place, he-opens the-cupboards and he-closes-them, opens in the-drawers, smells the-UHU, staples any paper with-the-stapler.
اكْتر حاجه ضحِّكِتْنى لمّا لزق tape علَى عَيْنُه، قعد يِقولّى: انا مِش شايِف حاجه!	17 *	áktar ɦāga ḍaɦɦikítni lámma lázaʔ *tape* 3ála 3ēnu, ʔá3ad yiʔúlli: ána miš šāyif ɦāga!	Most thing it-made-me-laugh when he-stuck tape on his-eye(s), he-sat he-says, I not seeing thing!"
الاسْوَء كان لمّا دخل الحمّام.	18	ilʔáswaʔ kān lámma dáxal ilɦammām.	The-worst was when he-entered the-toilet.
طبْعاً انا اِعْتمدْت علَى اِنُّه دخل اِمْبارِح تمان مرّات، خلاص اِتْعوِّد و عارِف المكان، و سِبْتُه يُدْخُل لِوَحْدُه.	19	ţáb3an ána i3tamádtə 3ála ínnu dáxal imbāriɦ táman marrāt, xalāş it3áwwid wi 3ārif ilmakān, wi síbtu yúdxul li-wáɦdu.	Of-course I-trusted on that-he he-entered yesterday eight times, already he-was-accustomed and knowing the-place, and I-let-him he-enters by-himself.
فجْأه سمعْتُه بِاعْلَى صَوْتُه بِيْنادى: ماما ماما	20	fágʔa samá3tu bi-á3la şōtu biynādi: māma māma	Suddenly, I-heard with-loudest his-voice he-calls, "Mom! Mom!"
رُحْتِلُه جرْى، خَيْر، يا حبيبي، فيه ايْه؟	21	ruɦtílu gáry, xēr, ya ɦabibī, fī ʔē?	I-went-to-him running, "Okay, o honey, there-is what?"
لقَيْتُه بِيْقولّى: ماما، انا مِش عارِف افْتح الميّه.	22	laʔētu biyʔúlli: māma, ána miš 3ārif áftaɦ ilmáyya.	I-found-him he-says-to-me, "Mom, I not knowing I-open the-water."
اِتْغظْت مِنُّه بِصراحه.	23	itɣáẓtə mínnu bi-şarāɦa.	I-was-peeved from-him with-candor.
قُلْتِلُه: يا حبيبى ما اِنْتَ اِسْتعْمِلْتها اِمْبارِح. خلّص يلا و اُخْرُج.	24	ʔultílu: ya ɦabībi ma -nta ista3miltáha imbāriɦ. xállaş yála w úxrug.	I-said-to-him, "O sweetie, that you-used-it yesterday. Finish, come-on and come-out."
و خرّجْت مِن عنْدُه و فى نِيِّتى قرار، قرار واحِد بسّ:	25	wi xarrágt min 3ándu w fi niyyíti qarār, qarār wāɦid bass:	And I-brought-out from at-him and in my-intention decision, decision one only:
بُكْره الصُّبح هسْتلِف الفِلوس و هَيْروح الحضانه.	26	búkra -şşúbɦ hastálif ilfilūs wi hayrūɦ ilɦaḍāna.	Tomorrow the-morning I'll-borrow the-money and he-will-go the-preschool.

6 - فِضِل fíḍil *keep, continue* is followed by a bare imperfect verb.

13 - سلّى sálla *amuse, entertain.* The feminine active participle مِسلّيه misallíyya combined with the object suffix ـه -h becomes مِسلّيّاه misalliyyā.

14 - Here, Yomna borrows a word from MSA and even maintains the original pronunciation of ث.

17 - The singular noun عَيْن 3ēn *eye* is also used for *a pair of eyes.*

Driving Lessons

تعليم السواقه

كنت فى اعدادى لما جربت اسوق عربيه لاول مره. كان عندى حوالى اربعتاشر سنه، و ابويا قرر انه يعلمنى انا و اخويا، الاكبر منى بسنه، ازاى نسوق. انا فاكر اليوم ده كويس اوى. كنت خايف جداً و اخويا كان بيتعلم اسرع منى بكتير. اتعلمنا الاساسيات و جه وقت التطبيق. كان الموضوع ماشى كويس معايا لما بابا كان بيقعد جنبى و انا بسوق، و كنت بتحرك كويس بالعربيه، الى حد ما. لحد ما فى مره بابا قالى انى المفروض ابدأ اسوق لوحدى. اتفقنا انى امشى بالعربيه بالراحه جداً، و هو هيجرى جنبى عشان يدينى تعليمات لو احتاجتها. بس مكانش ده بالظبط اللى حصل! دورت العربيه و بدأت ادوس بنزين، و لما العربيه بدأت تتحرك اتوترت شويه و دست بنزين جامد. العربيه بدأت تسرع، بابا معرفش يلحقها و بدأ يزعق، و انا بدأت اترعب جداً! لحسن الحظ، افتكرت ادوس على الفرامل قبل ما اوصل لنهاية الشارع، اللى كان طوله حوالى ميت متر، و العربيه وقفت اخيراً. طبعاً الموقف ده اثر عليا و فضلت مصدوم طول اليوم ده و بطلت اتدرب على السواقه لفتره. بس رجعت اتعلم تانى و اتحسنت جداً، بقيت حتى احسن من اخويا اللى كانت بدايته احسن منى بكتير. انا فاكر برضه انى مره عملت حادثه. بس كانت بسيطه الحمد لله. فقدت تركيزى و انا سايق و خبطت عربيه مركونه. لكن لحسن الحظ مكنتش ماشى بسرعه اوى و مكانش فيه اضرار كتير. صاحب العربيه كان غضبان جداً فى البدايه لكنه طلع راجل كويس. ابويا اتفق معاه انه هيصلحله العربيه و المشكله اتحلت بشكل ودى. استمريت فى التدريب و ادائى بدأ يعلى جداً لحد ما بقيت

سواق محترف. و بقيت بخرج مع اصحابى كتير بالعربيه و باستخدمها فى معظم مشاويرى. و طبعاً ابويا و امى استغلوا الموضوع كمان، و بدأوا يبعتونى كتير عشان اشترى حاجات من بره. الموضوع كان بيبقى مزعج جداً فى بعض الاوقات، بس انا كنت بحب السواقه، و الحقيقه مكانش عندى خيار تانى! و زى ما راجل حكيم قال مره: مع القوه الكبيره بتيجى مسؤوليات كبيره!

كنت في اعدادي لما جربت اسوق عربية لأول مرة . كان عندي حوالي اربعتاشر سنة ، وابويا قرر انه يعلمني انا واخويا ، الاكبر مني بسنتين ، ازاي نسوق . انا فاكر اليوم ده كويس اوي . كنت خايف جداً واخويا كان بيتعلم اسرع مني بكتير . اتعلمنا الاساسيات وجه وقت التطبيق . كان الموضوع ماشي كويس معايا لما بابا كان بيقعد جنبي وانا بسوق ، وكنت باتحرك كويس بالعربية في حدودها . بعدها في مرة بابا قالي اني المفروض ابدأ اسوق لوحدي . اتفقنا اني امشي بالعربية بالراحة جداً ، وهو هيجري جنبي عشان يديني تعليمات لو احتاجتها . بس مكانش ده بالظبط اللي حصل ! دورت العربية وبدأت ادوس بنزين ، ولما العربية بدأت تتحرك اتوترت شوية ودوست بنزين جامد . العربية بدأت تسرع ، بابا معرفش يلحقها وبدأ يزعق ، وانا بدأت اترعب جداً ! لحسن الحظ ، افتكرت ادوس على الفرامل قبل ما اوصل لنهاية الشارع ، اللي كان طوله حوالي ميت متر ، والعربية وقفت اخيراً . طبعاً الموقف ده اثر عليا وفضلت مصدوم طول اليوم ده وبطلت اتدرب على السواقة لفترة . بس رجعت اتعلم تاني واتحسنت جداً ، بقيت حتى احسن من اخويا اللي كانت بدايته احسن مني بكتير . انا فاكر بعدها اني مرة عملت حادثة . بس كانت

بسيطة الحمدلله. فقدت تركيزي وانا سايقة وخبطت عربية مركونة.
لكن لحسن الحظ مكنتش ماشية بسرعة اوي ومكانش فيه اضرار كتير. صاحب
العربية كان غضبان جداً في البداية لكنه طلع راجل كويس. ابويا اتفق معاه
انه هيصلح العربية والمشكلة اتحلت بشكل ودي. استمريت في
التدريب واداءي بدأ يعلى جداً لحد ما بقيت سواقة محترفة. وبقيت اخرج
مع اصحابي كتير بالعربية وباستخدامها في معظم مشاويري. وطبعاً ابويا
وامي استغلوا الموضوع كمان، وبدأوا يبعتوني كتير عشان اشتري حاجات
من بره. الموضوع كان بيبقى مزعج جداً في بعض الاوقات، بس انا كنت بحب
السواقة، والحقيقة مكانش عندي خيارات! وزي ما راجل حكيم قال مرة:
مع القوة الكبيرة بتيجي مسؤوليات كبيرة!

I was in preparatory school when I tried to drive a car for the first time. I was around 14 years old, and my father decided to teach me and my brother, who is one year older than me, how to drive. I remember that day very well. I was very scared and my brother was learning much quicker than me. We learned the basics and it was time to practice. It was going well for me when my dad was sitting next to me while I was driving, and I was moving well with the car, kinda. Until one time, my dad told me that I should start driving alone. We agreed that I go very slowly with the car, and he would run beside me to keep giving me instructions if I needed them. But that was not exactly what happened! I started the car, and began to step down on the gas. When the car started to move, I got a bit nervous and I hit the gas harder. The car started to speed up, Dad couldn't keep up with it and started to shout, and I really started to panic! Luckily, I remembered to hit the brakes before I got to the end of the street, which was around 100 meters long, and the car finally stopped. Of course, that situation affected me and I remained in shock all that day, and I stopped practicing driving for a while. But I went back to practicing again, and I really improved. I even became better than my brother, who had had a much better start than I did. I also remember that I had an accident once. But it was a minor one, thank God. I lost my concentration while driving and hit a parked car. But luckily I wasn't going too fast and there wasn't much damage. The owner of the car was very angry at first, but he turned out to be a nice guy. My father agreed with him that he would fix the car for him, and the problem was settled in a friendly manner. I kept practicing and my performance started to get really high until I became a pro at driving. I started to go out with my friends by car a lot, and used it for most of my errands. And of course, my father and my mother took advantage of it too, and they started to send me a lot to buy things outside. That was really annoying sometimes. But I liked driving, and I actually had no other choice! And as a wise man once said, "With great power comes great responsibility!

كُنْت فى اِعْدادى لمّا جرّبْت اسوق عربيه لِاوِّل مرّه.	1	kúntə fi i3dādi lámma garrábt asūʔ 3arabíyya li-áwwil márra.	I-was in preparatory when I-tried I-drive car for-first time.
كان عنْدى حَوالى ارْبعْتاشر سنه،	2	kān 3ándi ɧawāli arba3tāšar sána,	It-was I-have around 14 year,
و ابويا قرّر اِنُّه يْعلِّمْنى انا و اخويا، الاكْبر مِنّى بْسنه، اِزّاىّ نْسوق.	3	wi abūya qárrar ínnu y3allímni ána wi axūya, ilʔákbar mínni bsána, izzáyyə nsūʔ.	and my-father decided that-he he-teaches-me I and my-brother, the-bigger than-me by-year, how we-drive.
انا فاكِر اليَوْم ده كُوَيِّس اوى.	4	ána fākir ilyōm da kuwáyyis áwi.	I remembering the-day that well very.
كُنْت خايِف جِدّاً و اخويا كان بِيِتْعلِّم اسْرع مِنّى بِكِتير.	5	kúntə xāyif gíddan wi axūya kān biyit3állim ásra3 mínni bi-ktīr.	I-was scared very and my-brother was he-learns faster than-me by-much.
اِتْعلِّمْنا الاساسِيّات و جه وقْت التّطْبيق.	6	it3allímna -lʔasasiyyāt wi gih waʔt ittaʈbīʔ.	We-learned the-basics and came time the-practice.
كان المَوْضوع ماشى كْوَيِّس معايا لمّا بابا كان بِيُقْعُد جنْبى و انا بسوق،	7 *	kān ilmawɖū3 māši kwáyyis ma3āya lámma bāba kān biyúʔ3ud gámbi wi ána basūʔ,	It-was the-matter going fine with-me when dad was he-sits next-to-me and I drive,
و كُنْت بتْحرّك كُوَيِّس بِالعربيه، اِلَى حدّ ما.	8	wi kúntə batɧárrak kuwáyyis bi-l3arabíyya, íla ɧáddə ma.	and I-was I-move well with-the-car, to some-extent.
لِحدّ ما فى مرّه بابا قالّى اِنّى المفْروض ابْدأ اسوق لِوحْدى.	9	li-ɧáddə ma f márra bāba ʔálli ínni -lmafrūɖ ábdaʔ asūʔ li-wáɧdi.	Until that in time, dad told-to-me that-I should I-start I-drive by-myself.
اِتّفقْنا اِنّى امْشى بِالعربيه بِالرّاحه جِدّاً،	10	ittafáʔna ínni ámši bi-l3arabíyya bi-rrāɧa gíddan,	We-agreed that-I I-go with-the-car with-ease very,

و هُوَّ هَيِجْرى جنْبى عشان يِدّينى تعْليمات لَوْ اِحْتاجْتها.	11 *	wi húwwa hayígri gámbi 3ašān yiddīni ta3limāt law iħtagtáha.	and he will-run beside-me so-that he-gives instructions if I-needed-them.
بسّ مكانْش ده بِالظّبْط اللى حصل!	12	bássə ma-kánšə da bi-zẓabṭ ílli ħáṣal!	But it-wasn't that exactly what happened!
دَوّرْت العربيه و بدأْت ادوس بنْزين،	13	dawwárt il3arabíyya w badáʔt adūs banzīn,	I-started the-car, and I-began I-step the-gas.
و لمّا العربيه بدأِت تِتْحرك اِتْوَتّرْت شْوَيّه و دُسْت بنْزين جامِد.	14 *	wi lámma -l3arabíyya bádaʔit titħárrak, itwattártə šwáyya w dústə banzīn gāmid.	And when the-car started it-moves, I-got-nervous a-bit and I-stepped the-gas hard.
العربيه بدأِت تِسرّع،	15	il3arabíyya bádaʔit tisárra3,	The-car started it-accelerates,
بابا معْرِفْش يِلْحقْها و بدأ يِزعّق،	16	bāba ma-3rífšə yilħáʔha w bádaʔ yizá33aʔ,	Dad couldn't he-keeps-up-with-it and he-started he-shouts,
و انا بدأْت اتْرِعِب جِدّاً!	17	wi ána badáʔt atrí3ib gíddan!	and I I-started I-panic very!
لِحُسْن الحظّ، اِفْتكرْت ادوس علَى الفرامِل قبْل ما اوْصِل لِنْهايِة الشّارِع،	18	li-ħusn ilħaẓẓ, iftakárt adūs 3ála -lfarāmil ʔáblə ma áwṣil li-nhāyit iššāri3,	For-good the-luck, I-remembered I-press on the-breaks before that I-arrive to-end the-street,
اللى كان طوله حَوالى ميت مِتر، و العربيه وِقْفِت اخيراً.	19	ílli kān ṭūlu ħawāli mīt mitr, w il3arabíyya wíʔfit axīran.	which was its-length around 100 meter, and the-car stopped finally.
طبْعاً المَوْقِف ده اثّر عليّا	20	ṭáb3an ilmáwqif da ássar 3aláyya	Of-course, the-situation that affected on-me
و فِضِلْت مصْدوم طول اليَوْم ده	21	wi fiḍíltə maṣdūm ṭūl ilyōm da	and I-remained shocked throughout the-day that,
و بطّلْت اتْدرّب علَى السّواقه لِفتْره.	22	wi baṭṭált atdárrab 3ála -ssiwāʔa li-fátra.	and I-stopped I-practice on the-driving for-period.
بسّ رِجِعْت اتْعلِّم تانى و اِتْحسِّنْت جِدّاً،	23	bássə rigí3t at3állim tāni w itħassíntə gíddan,	But I-returned I-practice again, and I-improved very.
بقَيْت حتّى احْسن مِن اخويا اللى كانِت بِدايْتُه احْسن مِنّى بِكْتير.	24	baʔēt ħátta áħsan min axūya -lli kānit bidáytu áħsan mínni bi-ktīr.	I-became even better than my-brother who was his-beginning better than-me by-much.
انا فاكِر برْضُه اِنّى مرّه عملْت حادْثه.	25	ána fākir bárḍu ínni márra 3amáltə ħádsa.	I remembering also that-I once I-made accident.
بسّ كانِت بسيطه الحمْدُ لله.	26	bássə kānit basīṭa, ilħámdu -llah.	But it-was basic, the-praise to-God.
فقدْت ترْكيزى و انا سايِق و خبطْت عربيه مرْكونه.	27	faʔádtə tarkīzi w ána sāyiʔ wi xabáṭṭə 3arabíyya markūna.	I-lost my-concentration and I driving and I-hit car parked.
لكِن لِحُسْن الحظّ مكُنْتِش ماشى بْسُرْعه اوى و مكانْش فيه اضْرار كتِير.	28 *	lākin li-ħusn ilħáẓẓ, ma-kúntiš māši bsúr3a áwi w ma-kánšə fī aḍrār kitīr.	But for-good the-luck, I-wasn't going-with-speed very and it-wasn't there-is damages much.

صاحِب العربيه كان غضْبان جِدّاً فى البِدايه لكِنُّه طِلِع راجِل كُوَيِّس.	29	ṣāḫib il3arabíyya kān ɣaḍbān gíddan fi -lbidāya lakínnu ṭili3 rāgil kuwáyyis.	Owner the-car was angry very in the-beginning, but-he he-turned-out man nice.
ابويا اِتّفق معاه اِنُّه هيْصلّحْلُه العربيه و المُشْكِله اِتْحلِّت بِشكْل وِدّى.	30	abūya ittáfaʔ ma3ā ínnu hayṣalláḫlu -l3arabíyya w ilmuškíla itḫállit bi-šáklə wíddi.	My-father agreed with-him that-he he-will-fix the-car and the-problem was-resolved in-manner friendly.
اِسْتمرَّيْت فى التّدْريب و ادائى بدأ يِعْلَى جِدّاً لِحدّ ما بقَيْت سوّاق مُحْترِف.	31 *	istamarrēt fi -ttadrīb wi adāʔi báda? yí3la gíddan li-ḫáddə ma baʔēt sawwāʔ muḫtárif.	I-continued in the-practice and my-performance started it-gets-high really high to-extent that I-became driver professional.
و بقَيْت بخْرُج معَ اصْحابى كْتير بِالعربيه و باسْتخْدِمْها فى مُعْظم مشاويرى.	32	wi baʔēt báxrug má3- aṣḫābi ktīr bi-l3arabíyya wi bastaxdímha f mú3ẓam mašawīri.	And I-became I-go-out with my-friends a-lot by-the-car and I-use-it in majority my-errands.
و طبْعاً ابويا و اُمّى اِسْتغلّوا المَوْضوع كمان،	33	wi ṭáb3an abūya w úmmi istaɣállu -lmawḍū3 kamān,	And of-course, my-father and my-mother took-advantage the-matter too,
و بدأوا يِبْعتونى كْتير عشان اشْترى حاجات مِن برّه.	34	wi bádaʔu yib3atūni ktīr 3ašān aštári ḫagāt min bárra.	and they-started they-send-me a-lot so-that I-buy things from outside.
المَوْضوع كان بِيِبْقَى مُزْعِج جِدّاً فى بعْض الاَوْقات،	35	ilmawḍū3 kān biyíbʔa múz3ig gíddan fi ba3ḍ ilʔawʔāt,	The-matter was it-becomes annoying really in some the-times.
بسّ انا كُنْت بحِبّ السِّواقه، و الحقيقه مكانْش عنْدى خِيار تانى!	36	bass ána kúntə baḫíbb issiwāʔa, w ilḫaʔīʔa ma-kánšə 3ándi xiyār tāni!	But I-was I-like the-driving, and the-reality it-wasn't I-have choice another!
و زَىّ ما راجِل حكيم قال مرّه: معَ القُوّه الكبيره بِتيجى مسْؤولِيات كِبيره!	37	wi záyyə ma rāgil ḫakīm ʔāl márra: má3a -lqúwwa -lkabīra, bitīgi masʔuliyāt kibīra!	And as what man wide said once, "With the-power the-great comes responsibilities great!"

7 - المَوْضوع ilmawḍū3 *the situation, the matter (at hand)* is often translated into English simply as "it". • و wi + pronoun + bi-imperfect creates a time clause, often translating *while (I) was __ing...*

11 - More commonly, the verb ادّى ádda *to give* takes a direct object pronoun rather than the expected indirect object pronoun: ادّانى حاجه iddāni ḫāga *He gave me something.*

14 - According to the rules of orthography of MSA, بدأت would be written بدئت, but Egyptians commonly write أ in most cases, if they write the hamza at all.

28 - Review:

	past	**present**	**future**
positive	كان فيه kān fī *there was/were*	فيه fī *there is/are*	هيكون فيه haykūn fī *there will be*
negative	مكانش فيه makánš fī *there wasn't/weren't*	مفيش mafīš *there isn't/aren't*	مش هيكون فيه miš haykūn fī *there won't be*

31 - مُحْترِف muḫtárif *professional*: Here, Amr just means he was *proficient* or *very good at* driving.

Hesham's Birthday

عيد ميلاد هشام

امبارح اصحابى احتفلوا بعيد ميلادى، مع ان عيد ميلادى مش ميعاده امبارح ولا حتى الشهر ده. بس وقت عيد ميلادى كنا كلنا فى امتحانات، فا محتفلوش بيه لاننا كنا مشغولين. انا اتفاجأت لما وجدت اصحابى بيقولولى هنخرج كلنا مع بعض. و هيبقى يوم مميز، لانه عاده بنتفق على الخروج من قبلها بفتره. قالولى فى الطريق انهم هيحتفلوا بعيد ميلادى. رحنا دريم بارك مدينة ملاهى و ركبنا الالعاب كلها. بعدها ركبت حصان و ركبت جمل. و اتصورت مع احلى حيوان انا بحبه، النعامه. كنت عايز اركبها كمان بس قالولى ان ده مستحيل طبعاً. الحصان كان بنت و اسمها بشرى، اسم غريب لحصان بس حلو. بعدها رحنا مطعم و كلنا. انا كلت فراخ بالبابريكا و اصحابى كلوا فراخ مقرمشه و همبرجر. و بعدها جابولى التورته اللى كانت حلوه جداً طبعاً. و اتصورنا كتير و انبسطنا. و فى المطعم دخنا شيشه و شربت شاى مظبوط. اعتقد ان اصحابك دول احلى نعمه انت ممكن تحصل عليها فى حياتك. واحد من اصحابى اسمه احمد، سورى الجنسيه هو. و بالرغم من اللى بيحصل فى بلده و الدمار و الحرب ساعد فى انه يعملّى عيد ميلاد و يبسطنى. امبارح كان يوم مميز و هفضل دايماً فاكره. و هنفضل نضحك دايماً لما نفتكره.

اصحابي احتفلوا بعيد ميلادي، مع انه عيد ميلادي مش

ميعاده اصلاً ولا حتى الشهر ده. بس وقت عيد ميلادي

كنا كلنا في امتحانات، فا محتفلوش بيه لاننا كنا

مشغولين. انا اتفاجأت لما واحد اصحابي بيقولولي

هنخرج كلنا مع بعض. وهيبقى يوم مميز، لانه عادة

بنتفق على الخروج من قبلها بفترة. قالولي في الطريق انهم

هيحتفلوا بعيد ميلادي. رحنا دريم بارك مدينة ملاهي

وركبنا الالعاب كلها. بعدها ركبت حصان وركبت جمل.

واتصورت مع احلى حيوان انا بحبه، الزرافة. كنت

عايزة اركبها كمان بس قالولي ان ده مستحيل طبعاً.

الحصان كان بنت واسمها بشرى، اسم غريب لحصان

بس حلو. بعدها رحنا مطعم وكلنا. انا كلت فراخ

بالبابريكا واصحابي كلوا فراخ مقرمشة وهمبرجر.

وبعدها جابولي التورتة اللي كانت حلوه جداً طبعاً،

واتصورنا كتير وانبسطنا. وفي المطعم دخنا شيشة.

وشربت شاي مظبوط. اعتقد ان اصحابك دول
احلى نعمه انت ممكن تحصل عليها في حياتك. واحد من
اصحابي اسمه احمد، سوري الجنسيه هو. وبالرغم
من اللي بيحصل في بلده والدمار والحرب ساعد في
انه يعملي عيد ميلاد ويبسطني. امبارح كان يوم
مميز وهفضل دايماً فاكره. وهنفضل نضحك
دايماً لما نفتكره.

Yesterday my friends celebrated my birthday, although it wasn't my birthday yesterday or even this month. But at the time of my birthday we were in exams, so we didn't celebrate it because we were all busy. I was surprised when I found my friends telling me that we were all going out together. And it was going to be a special day, because we usually arrange these things a bit ahead of time. They told me on the way that they are celebrating my birthday. We went to Dream Park, an amusement park, and we rode all the rides. Then I rode a horse and rode a camel. And then I took a photo with my favorite animal, the ostrich. I wanted to ride it too, but they told me that was impossible of course. The horse was a female called "Bushra", a weird name for a horse but cute. After that, we went to a restaurant and ate. I ate chicken paprika and my friends ate crispy chicken and hamburgers. Then they got me a cake, which was so good, of course. We took a lot of pictures and we had fun. We smoked hookah and I drank sweet tea. I believe that your friends are the best blessing you can ever get in your life. One of my friends, whose name's Ahmed, is Syrian, and despite what is happening in his country and destruction and the war, he helped to make me a birthday party and make me happy. Yesterday was a special day and I will always remember it. And we will all laugh when we remember it.

اِمْبارِح اصْحابى اِحْتفلوا بْعيد ميلادى،	1	imbāriɧ aşɧābi iɧtáfalu b-3īd milādi,	Yesterday my-friends celebrated with-holiday my-birth,
معَ اِنّ عيد ميلادى مِش ميعادُه اِمْبارِح ولّا حتَّى الشّهْر ده.	2	má3a ínnə 3īd milādi miš mi3ādu imbāriɧ wálla ɧátta -ššahrə da.	With that holiday my-birth not its-date yesterday or even the-month this.
بسّ وقْت عيد ميلادى كُنّا كُلِّنا فى اِمْتِحانات،	3	bássə wáʔtə 3īd milādi kúnna kullína f imtiɧanāt,	But time holiday my-birth we-were all-of-us in exams,
فا محْتفِلوش بيه لاِنِّنا كُنّا مشْغولين.	4	fa máɧtafilūš bī li-innína kúnna mašɣulīn.	so we-didn't-celebrate with-it because-we we-were all-of-us busy.
انا اِتْفاجِأْت لمّا وجدْت اصْحابى بِيْقولولى هنُخْرُج كُلِّنا معَ بعْض.	5 *	ána itfāgíʔtə lámma wagádt aşɧābi biyʔulūli hanúxrug kullína má3a ba3ḍ.	I I-was-surprised when I-found my-friends they-tell-to-me we-will-go-out all-of-us with eachother.
و هيِبْقَى يَوْم مُمَيِّز،	6 *	wi hayíbʔa yōm mumáyyiz,	And it-will-become day special,
لاِنُّه عادةً بِنِتّفِق علَى الخُروج مِن قبْلها بِفتْره.	7	li-ínnu 3ādatan binittáffiʔ 3ála -lxurūg min ʔabláha bi-fátra.	because-it usually we-agree on the-outing from before-it by-period.
قالولى فى الطّريق اِنُّهُم هَيِحْتِفْلوا بِعيد ميلادى.	8	ʔalūli fi -ṭṭarīʔ innúhum hayiɧtíflu bi-3īd milādi.	They-said-to-me in the-way that-them they-will-celebrate with-holiday my-birth.
رُحْنا دْريم بارْك مدينِة ملاهى و رِكِبْنا الالْعاب كُلّها.	9 *	rúɧna drīm párk, madīnit malāhi, w rikíbna -lʔal3āb kulláha.	We-went Dream Park, city attractions, and we-rode the-rides all-of-them.
بعْدها ركِبْت حِصان و رِكِبْت جمل.	10	ba3dáha rikíbtə ɧişān wi rikíbtə gámal.	After-it I-rode horse and I-rode camel.
و اِتْصوّرْت معَ احْلَى حَيَوان انا بحِبُّه، النّعامه.	11	wi itşawwártə má3a áɧla ɧayawān ána baɧíbbu, inna3āma.	And I-photographed with my favorite animal I I-like-it, the-ostrich.
كُنْت عايِز ارْكبْها كمان بسّ قالولى اِنّ ده مُسْتحيل طبْعاً.	12	kúntə 3āyiz arkábha kamān bássə ʔalūli ínnə da mustaɧīl ṭáb3an.	I-was wanting I-ride-it also, but they-told-to-me that this impossible of-course.
الحِصان كان بِنْت و اِسْمها بُشْرَى،	13	ilɧişān kān bint w ismáha búšra,	The-horse was girl and her-name "Bushra",
اِسْم غريب لِحِصان بسّ حِلْو.	14	ísmə ɣarīb li-ɧişān bássə ɧilw.	name strange for-horse but cute.
بعْدها رُحْنا مطْعم و كلْنا.	15	ba3dáha rúɧna máṭ3am wi kálna.	After-it, we-went restaurant and we-ate.

انا كلْت فِراخ بِالبابْريكا و اصْحابى كلوا فِراخ مِقرمِشه و همْبرْجر.	**16** ána káltə firāx bi-lbábrīka wi aşħābi kálu firāx miʔarmíša w hambúrgar.	I I-ate chicken with-the-paprika and my-friends they-ate chicken crispy and hamburger.
و بعْدها جابولى التّورْته اللى كانِت حِلْوَه جِدّاً طبْعاً.	**17** wi ba3dáha gabūli -ttúrta -lli kānit ħílwa gíddan ţáb3an.	And after-it they-brought-to-me the-cake, which was good very of-course.
و اِتْصوّرْنا كِتير و اِنْبسطْنا.	**18** w itşawwárna kitīr wi inbasáţna.	And we-were-photographed a-lot and we-enjoyed.
و فى المطْعم دخّنّا شيشه و شْرِبْت شاى مظْبوط.	**19** wi fi -lmáţ3am daxxínna šīša wi šríbtə šāy mazbūţ.	And in the-restaurant we-smoked hookah and I-drank tea sweet.
اعْتقِد اِنّ اصْحابك دول احْلَى نِعْمه اِنْتَ مُمْكِن تِحْصل علَيْها فى حَياتك.	**20** a3táqid inn aşħābak dōl áħla ní3ma ínta múmkin tíħşal 3alēha f ħayātak.	I-believe that your-friends those nicest blessing you possible you-get at-it in your-life.
واحِد مِن اصْحابى اِسْمُه احْمد، سورى الجِنْسيه هُوَّ.	**21** wāħid min aşħābi ísmu áħmad, sūri -lginsíyya húwwa.	One of my-friends, his-name Ahmed, Syrian the-nationality he,
و بِالرّغْم من اللى بيْحْصل فى بلدُه و الدّمار و الحرْب ساعِد فى اِنُّه يِعْملّى عيد ميلاد و يِبسّطْنى.	**22** wi bi-rráɣm min ílli byíħşal fi báladu w iddamār w ilħárb, sā3id f ínnu yi3málli 3īd milād wi yibassáţni.	and in-the-spite of what happens in his-country and the-destruction and the-war, he-helped in that-it it-makes-to-me holiday birth and it-makes-happy-me.
اِمْبارِح كان يَوْم مُمَيِّز و هفْضل دايماً فاكْرُه.	**23** * imbāriħ kān yōm mumáyyiz wi háfḍal dāyman fākru.	Yesterday it-was day special and I-wlll-continue always remembering-it.
و هنِفْضل نِضْحك دايماً لمّا نِفْتِكْرُه.	**24** wi hanífḍal níḍħak dāyman lámma niftíkru.	And we-will-continue we-laugh always when we-remember-it.

5 - قال ʔāl *to say to, tell* can take an indirect object with the prefix لِـ -li *to*. When the indirect object is a pronoun, Egyptians commonly write it attached as a suffix, rather than a separate word. This is because the indirect object pronoun affects the pronunciation (stress and vowel length) of the verb it is attached to: بِيْقولوا biyʔūlu *they say* → بِيْقولولى biyʔulūli *they tell me.*

6 - بقَى báʔa *to become, to be* is common in ECA, and is often interchangeable with كان kān *to be.*

9 - راح rāħ *to go* usually takes a direct object in ECA, rather than using a preposition (لِـ or إلى in MSA).

23 - lit. *will continue to remember always*; فِضِل fíḍil + bare imperfect *to continue __ing.*

Sudanese Weddings

افراح سودانيه

اهلاً بيكم. الاعياد فى مصر دايماً مواسم للافراح. انا فى عيد الاضحى اللى فات كنت معزومه على تلات افراح. انا بحب الافراح جداً. بس بييجيلى صداع من التفكير: هلبس ايه و انا رايحه الفرح؟ و معنديش وقت ان انا اقعد ادور على اللبس المناسب. بصراحه فيه فرحين من اللى كنت هحضرهم مريحينى كانوا جداً لانهم افراح سودانيه. الفرح السودانى بيبقى مسموحلى ان انا البس فيه الزى التقليدى للمرأه السودانيه و هو التوب. التوب ده عباره عن قطعة قماش طويله حوالى تلاته متر و بتكون مشغوله مطرزه. و لونها بيكون يعنى لون زاهى اوى. بتتلف على الجسم بطريقه معينه. و خلاص هى دى بتبقى اللبس اللى بروح بيه الفرح. طبعاً حاجه سهله و بسيطه و فى نفس الوقت فى منتهى الشياكه. الفرح السودانى انا بحضره لانى انا متجوزه راجل سودانى. افراح العايله عنده كلها كده. دايماً الفرح ده بيتسم بتفاصيل جميله اوى. اولاً هما عندهم يوم العقد، بعد ما بيكتبوا وثيقة الزواج. بيروحوا على بيت العروسه يعملوا احتفال جميل. العريس بيقدم فيه المهر و الهدايا و العطور للعروسه. بيكون يوم لطيف فى بيتها. بعد كده بيتعمل يوم تانى اسمه ليلة الحنه. ده بقى بيبقى مرهق اوى للعروسه. العروسه فيه بتبدل حوالى توبين، تلاته، اربعه. كل توب بترقص رقصه و بعدين تغير و تلبس اللى بعده. بس بيبقى يوم جميل. القاعه بتكون مليانه بخور و السيدات كلهم لابسين التياب المطرزه. المكان بيكون فى منتهى الروعه. يوم الفرح بقى بيبقى اللبس العادى بدله و فستان فرح. لكن برضه السيدات بيكونوا لابسين التوب

السوداني. انا فى الفرح اللى رحته لبست توب ازرق كان مطرز باللولى. و الحمد لله حاز على اعجاب اللى شافونى بيه. و من ساعة ما رجعنا من الفرح انا و ابنى حمزه بنردد الجمله اللى كان بيقولها المغنى: ابشر يا عريس ابشر. هو الفرح السودانى حاجه جميله جداً. و اتمنى انه تتاحلكو كلكو فرصه تحضروا فيها فرح سودانى. شكراً.

أهلاً بيكم. الأعياد في مصر دايماً مواسم الأفراح. أنا في عيد الأضحى اللي فات كنت معزومة على تلات أفراح. أنا بحب الأفراح جداً. بس بيجيلي صداع من التفكير: هلبس ايه وأنا رايحة الفرح؟ ومعنديش وقت إن أنا أقعد أدور على اللبس المناسب. بالرغم فيه فرحين من اللي كنت حضرتهم مريحين كانوا جداً لأنهم أفراح سودانية. الفرح السوداني بيبقى مسموح لي إن أنا ألبس فيه الزي التقليدي للمرأة السودانية وهو التوب. التوب ده عبارة عن قطعة قماش طويلة حوالي تلاتة متر وبتكون مشغولة مطرزة. ولونه بيكون يعني لونه زاهي أوي. بتتلف على الجسم بطريقة معينة. وفعلاً هو دي بتبقى اللبس اللي بروح بيه الفرح. طبعاً حاجة سهلة وبسيطة وفي نفس الوقت في منتهى الشياكة. الفرح السوداني أنا بحضره لأني أنا متجوزة راجل سوداني. أفراح العيلة عنده كلها كده. دايماً الفرح ده بيتسم بتفاصيل جميلة أوي. أولاً أهلها عندهم يوم العقد، بعد ما بيكتبوا وثيقة الزواج بيروحوا على بيت

العروسة يعملوا احتفال جميل. العريس بيقدم فيه المهر والهدايا والعطور للعروسة. بيكون يوم لطيف من بيتي. بعد كده بيتعمل يوم تاني اسمه ليلة الحنة. ده بقى بيبقى مرهق اوى للعروسة. العروسة فيه بتبدل حوالي تو بين 6 تلاتة لاربعة. كل توب بترقص رقصة وبعدين تغير وتلبس اللي بعده. بس بيبقى يوم جميل. القاعة بتكون مليانة بخور والسيدات كلهم لابسين التياب المطرزة. المكان بيكون في منتهى الروعة. يوم الفرح بقى بيبقى اللبس العادي بدلة وفستان فرح. لكن برضه السيدات بيكونوا لابسين التوب السوداني. انا في الفرح اللي رحته لبست توبا ازرق كان مطرز باللولي. والحمد لله عاز على اعجاب اللي شافوني بيه. ومن ساعة مارجعنا من الفرح انا وابني حمزة بنردد الجملة اللي كان بيقولها المغني: ابشر يا عريس ابشر. هو الفرح السوداني حاجة جميلة جداً. واتمنى انه تنا حلكو كلكو فرصة تحضروا فيها فرح سوداني. شكراً.

Hello! In Egypt, the holidays are always the season for weddings. During the last Sacrifice Feast I was invited to three weddings. I like weddings so much. But I get a headache from thinking, "What shall I wear to the wedding?" And I don't have time to be looking for a suitable dress to wear. But frankly there were two weddings I was going to go to which were a relief to me because they were Sudanese weddings. At a Sudanese wedding, I'm allowed to wear the traditional costume of the Sudanese woman, which is "toob" This toob is a long piece of fabric, approximately three meters long and embroidered. And its color is so bright. It is wrapped around the body in a certain way. And that's it! That's the outfit I'll go to the wedding in. So easy, so simple, and at the same time so chic! I go to these Sudanese weddings because I'm married to a Sudanese man. And all his family weddings are like this. These weddings are always known for their very nice details. First of all, they have the agreement day, after they write the marriage document They go to the bride's home and have a beautiful celebration. The groom gives her a dowry, gifts, and perfumes. It's a very nice day at her house. After that, there's another day called the "night of henna". And this is very exhausting for the bride. The bride changes into two, three, or four toobs. She dances a dance in a toob, then she changes clothes, and goes for another dance. But it is a lovely day. The hall is full of incense ,and the ladies are all wearing the embroidered toob. The place becomes incredibly fabulous. Then, on the wedding day itself, the clothes of the groom and bride are an ordinary suit and wedding dress. But the ladies are also wearing the Sudanese toob. At that last wedding I attended, I wore a blue toob with embroidered with pearls. And thank God, it gained the admiration of everyone who saw me wearing it. And ever since we came from that wedding, I keep singing with my son Hamza the phrase that the singer was saying, "Cheer up, oh groom, cheer up!" The Sudanese wedding is a very lovely thing. And I hope that you all have a chance to attend one. Thank you!

اهْلاً بيكُم.	1	áhlan bīkum.	Welcome to-you!
الاعْياد فى مصْر دايْماً مَواسِم لِلافْراح.	2	ilʔa3yād fi máʂrə dáyman mawāsim li-lʔafrāɦ.	The-holidays in Egypt, always seasons for-the-weddings.
انا فى عيد الاضْحَى اللى فات كُنْت معْزومه علَى تلات افْراح.	3	ána f 3īd ilʔáɖɦa -lli fāt kúntə ma3zūma 3ála tálat afrāɦ.	I in Holiday the-Sacrifice that passed I-was invited to three weddings.
انا بحِبّ الافْراح جِدّاً.	4	ána baɦíbb ilʔafrāɦ gíddan.	I I-like the-weddings very.
بسّ بْييجيلى صُداع مِن التّفْكير: هلْبِس اَيْه و انا رايْحه الفرح؟	5	báss, byigīli ʂudā3 min ittafkīr: hálbis ʔē w ána ráyɦa -lfáraɦ?	But comes-to-me headache from the-thought, "I-wear what and I going the-wedding?"
و معنْديش وقْت اِنّ انا اقْعُد ادوّر علَى اللِّبْس المُناسِب.	6 *	wi ma-3andīš waʔt inn ána áʔ3ud adáwwar 3ála -llibs ilmunāsib.	And I-don't-have time that I sit I-look-for on the-clothes the-suitable.

بِصراحه فيه فرحَيْن مِن اللى كُنْت هحْضرْهُم	7 *	bi-ṣarāḫa fī faraḫēn min ílli kúntə haḫḍárhum	With-candor, there-is two-weddings from which I-was I-will-attend-them.
مِريِّحينّى كانوا جِدّاً لِانُّهُم افْراح سودانيه.	8	mirayyiḫínni kānu gíddan li-innúhum afrāḫ sudaníyya.	Relieving-me they-were very because-them weddings Sudanese.
الفرح السّودانى بِيِبْقَى مسْموحْلى اِنّ انا الْبِس فيه الزِّىّ التّقْليدى لِلمرأه السّودانيه و هُوَّ التّوب.	9	ilfáraḫ issudāni biyíbʔa masmúḫli inn ána albis fī ízziyy ittaqlīdi li-lmárʔa -ssudaníyya w húwwa -ttūb.	The-wedding the-Sudani becomes allowed-to-me that I I-wear at-it the-costume the-traditional for-the-woman the-Sudanese and it the-“toob”.
التّوب ده عِباره عن قِطْعِة قُماش طَويله حَوالى تلاته مِتر و بِتْكون مشْغوله مِطرّزه.	10 *	ittūb da 3ibāra 3an qíṭ3it ʔumāš ṭawīla ḫawāli talāta mítrə wi bitkūn mašɣūla miṭarráza.	The-toob this consits of piece cloth long approximately three meter and it-is filled embroidered.
و لَوْنْها بِيْكون يعْنى لَوْن زاهى اوى.	11	wi lúnha biykūn yá3ni lōn zāhi áwi.	And its-color it-is ya-know color bright very.
بِتِتْلِفّ علَى الجِسْم بِطريقه مُعيّنه.	12	bititlíffə 3ála -lgísm bi-ṭarīʔa mu3ayyána.	It-is-wrapped on the-body in-way certain.
و خلاص هِىَّ دى بِتِبْقَى اللِّبْس اللى بروح بيه الفرح.	13	wi xalāṣ híyya di bitíbʔi -llibs ílli barūḫ bī -lfáraḫ.	And voilà, it this it-is the-clothes that I-go in-it the-wedding.
طبْعاً حاجه سهْله و بسيطه و فى نفْس الوَقْت فى مُنْتهَى الشِّياكه.	14 *	ṭáb3an ḫāga sáhla w basīṭa w f nafs ilwáʔtə f muntáha -ššiyāka.	Of-course thing easy and simple and at same the-time in extreme the-chicness!
الفرح السّودانى انا بحْضرُه لِانىّ انا مِتْجوِّزه راجِل سودانى.	15	ilfáraḫ issudāni ána baḫḍáru li-inni ána mitgawwíza rāgil sudāni.	The-wedding the-Sudanese I-attend-it because-me I married man Sudanese.
افْراح العايْله عنْدُه كُلّها كِده.	16	afrāḫ il3ēla 3ándu kulláha kída.	Weddings the-night it-has all-of-them thus.
دايْماً الفرح ده بِيِتّسِّم بِتفاصيل جميله اوى.	17	dáyman ilfáraḫ da biyittássim bi-tafaṣīl gamīla áwi.	Always the-wedding this is-characterized by-details nice very.
اوّلاً هُمّا عنْدُهُم يَوْم العقْد، بعْد ما بْيكْتِبوا وثيقْة الزّواج.	18	awwálan húmma 3andúhum yōm il3áʔd, bá3də ma byiktíbu wasíqt izzawāg.	Firstly, they they-have day the-contract, after that they-write document the-marriage.
بِيْروحوا علَى بَيْت العروسه يِعْملوا اِحْتِفال جميل.	19	biyrūḫu 3ála bēt il3arūsa yi3málu iḫtifāl gamīl.	They-go to house the-bride they-make celebration beautiful.
العريس بِيْقدِّم فيه المهْر و الهدايا و العُطور لِلعروسه.	20	il3arīs biyʔáddim fī ilmáhrə w ilhadāya w il3uṭūr li-l3arūsa.	The-groom presents at-it the-dowry and the-gifts and the-perfumes for-the-bride.
بِيْكون يَوْم لطيف فى بَيْتْها.	21	biykūn yōm laṭīf fi bítha.	It’s day nice at her-house.

بعْد كِده بِيِتْعِمِل يَوْم تانى اِسْمُه لَيْلْة الحِنّه.	22	bá3də kída biyit3ímil yōm tāni ísmu lilt ilɧínna.	After that, it-is-done day another its-name night the-henna.
ده بقَى بْيِبْقَى مُرْهِق اوى لِلعروسه.	23	da báʔa byíbʔa múrhiʔ áwi li-l3arūsa.	This then it-is exhausting very for-the-bride.
العروسه فيه بِتْبدِّل حَوالى توبَيْن، تلاته، ارْبعه.	24	il3arūsa fī bitbáddil ɧawāli tubēn, talāta, arbá3a.	The-bride at-it exchanges approximately toobs, three, four.
كُلّ توب بِتُرْقُص رقْصه و بعْدَيْن تغيرُّ و تِلْبِس اللى بعْدُه.	25	kúllə tūb bitúrʔuş ráʔşa w ba3dēn taɣáyyur wi tílbis ílli bá3du.	Every toob she-dances dance and afterward she-changes and she-wears that-which after-it.
بسّ بْيِبْقَى يَوْم جميل.	26	bássə byíbʔa yōm gamīl.	But it-is day nice.
القاعه بِتْكون ملْيانه بخور و السّيِّدات كُلُّهُم لابْسين التِّياب المُطرّزه.	27	ilqā3a bitkūn malyāna baxūr w issayyadāt kullúhum lábsīn ittiyāb ilmuţarráza.	The-hall it-is filled incense and the-ladies all-of-them wearing the-toobs the-embroidered.
المكان بِيْكون فى مُنْتهَى الرَّوْعه.	28 *	ilmakān biykūn fī muntáha irráw3a.	The-place becomes at extreme magnificence.
يَوْم الفرح بقَى بِيِبْقَى اللِّبْس العادى بدْله و فُسْتان فرح.	29	yōm ilfáraɧ báʔa biyíbʔa illibs il3ādi bádla w fustān fáraɧ.	Day the-wedding then it-becomes the-clothes the-ordinary suit and dress wedding.
لكِن برْضُه السِّيِّدات بِيْكونوا لابْسين التّوب السّوداني.	30	lākin bárḑu issayyidāt biykūnu labsīn ittūb issudanī.	But also the-ladies they-are wearing the-toob the-Sudanese.
انا فى الفرح اللى رُحْتُه لِبِسْت توب ازْرق كان مُطرّز بِاللّولى.	31	ána fi -lfáraɧ ílli rúɧtu libístə tūb ázraʔ kān muţárraz bi-llūli.	I at the-wedding that I-went I-wore toob blue it-was embroidered with-the-pearls.
و الحمْدُ لله حاز علَى اِعْجاب اللى شافونى بيه.	32	w ilɧámdu -llāh ɧāz 3ála i3gāb ílli šafūni bī.	And the-praise to-God, it-gained on the-admiration those-who saw-me in-it.
و مِن ساعِة ما رجعْنا مِن الفرح انا و اِبْنى حمْزه بِنْردِّد الجُمْله اللى كان بِيْقولْها المُغنّى:	33	wi min sā3it ma ragá3na min ilfáraɧ ána wi íbni ɧámza binráddid ilgúmla -lli kān biyʔúlha -lmuɣánni:	And from hour that we-returned from the-wedding, I and my-son Hamza we-repeat the-sentence that he-was he-says the-singer:
ابْشِر يا عريس ابْشِر.	34	ábšir ya 3arīs ábšir.	"Cheer-up, o groom, cheer-up!"
هُوَّ الفرح السّودانى حاجه جميله جِدّاً.	35	húwwa -lfáraɧ issudāni ɧāga gamīla gíddan.	He the-wedding the-Sudanese thing nice very.
و اتْمنَّى اِنُّه تُاحْلُكو كُلُّكو فُرْصه تحْضروا فيها فرح سودانى.	36 *	w atmánna ínnu tutaɧlúku kullúku fúrşa taɧḑáru fīha fáraɧ sudāni.	And I-hope that-it it-is-allowed-to-you all-of-you opportunity you-attend wedding Sudanese.

شُكْراً. **37** šukran. Thanks!

6 - اقْعُد á?3ud (lit. *I sit*) is a preverb expressing a continuous mood, similar to the present continuous (am __ing) of English.

7 - The compound tense formed with the perfect of كان kān followed by the future tense is the future of the past, equating to the English *was going to (do)*.

10 - Notice the difference in the order of the adjective and the length: adjective + length (whereas English is length + adjective).

14 - فى مُنْتَهَى الـ fi muntáha -l + noun shows an extreme degree: فى مُنْتَهَى الجمال fi múntaha -lgamāl *extremely beautiful*; see also diary entry 1, line 14.

28 - see 14

36 - The subordinating conjunction اِنّ inn *that* can be followed by a noun or a detached personal pronoun and/or suffixed personal pronoun. It can also be اِنُّه ínnu, with the suffix being a meaningless placeholder, i.e. اِنُّه ínnu needn't necessarily imply the subject "he/it", but is the same as a regular اِنّ inn.

Climate Change in Egypt

تغير المناخ فى المصر

اهلاً بيكم. الدنيا مطرت امبارح. طول اللل سامعينها بتمطر. صحينا الصبح، لاقينا الشوارع غرقانه. اخدت وقت طويل جداً الصبح عشان آخد قرار ان احنا ننزل شغلنا و انزل الولاد المدرسه. للاسف اصبح نزول المطر عندنا بيسبب ازمه و حالة فوضى عامه فى الشوارع. و ممكن كمان لا قدر الله تحصل حوادث عربيات. احنا مكناش كده. لكن واضح انه مع تغير حالة الطقس عامة على مستوى العالم، فا حصل تغييرات فى شكل الحاله الجويه فى مصر. يعنى احنا زمان كنا نعرف انه مصر جوها معتدل فى الصيف و دافى فى الشتا. انما حالياً اصبح الصيف شديد الحراره و الرطوبه، و اصبح الشتا شديد البروده. و الامطار لما بتحصل بتكون تقيله جداً، و بتتكرر كتير. و برضه احنا عشان مش معتادين على ده، فا شوارعنا مبتبقاش مستعده لاستقبال كميات المطر دى. بس خلينى ابص للجانب المشرق. برضه نزول المطر بينضف الدنيا. بحس انه الشجر لونه زاهى، المبانى بتكون نضيفه. الشوارع لو مفيهاش برك ميه فا بتكون برضه نضفت. هو عامة حالة الجو اصبحت مختلفه عن زمان كتير. و لو برضه هنبص للجانب المشرق، هنلاقى انه لو جنبنا شهر اغسطس اللى بيكون الجو فيه حار جداً، و الايام اللى بيحصل فيها المطر الشديد فى الشتا، هنلاقى انه جو مصر يظل من الاجواء الجميله جداً. اللى ممكن الواحد يستمتع فيها بالخروج فى اى وقت. شكراً.

اهلاً بيكم. الدنيا مطرت امبارح. طول الليل سامعين بتمطر.

صحينا الصبح، لاقينا الشوارع غرقانة. اخدت وقت طويل جداً

الصبح عشان ناخد قرار ان احنا ننزل شغلنا وانزل الولاد

المدرسة. للاسف اصبح نزول المطر عندنا بيسببلنا ازمة

وحالة فوضى عامة في الشوارع. وممكن كمان لاقدر الله تحصل

حوادث عربيات احنا مكناش كده. لكن واضح انه مع

تغير حالة الطقس عامة على مستوى العالم، فاحصل تغيرات

في شكل الحالة الجوية في مصر. يعني احنا زمان كنا نعرف انه

مصر جوها معتدل في الصيف ودافي في الشتا. انما حالياً

اصبح الصيف شديد الحرارة والرطوبة، واصبح الشتا شديد البرودة.

والامطار لما بتحصل بتكون تقيلة جداً، وبتتكرر كتير. وبرضه

احنا عشان مش متعودين على ده، فا شوارعنا مبتبقاش

مستعدة لاستقبال كميات المطر دي. بس خليني ابص

الى الجانب المشرق، برضه نزول المطر بينضف الدنيا، بحس انه الشجر

لونه زاهي، المباني بتكون نضيفة. الشوارع لو معليهاش برك ميه
فا بتكون برضه نضيفة. هو عامة حالة الجو اصبحت مختلفة
عن زمان كتير، ولو برضه هنبص للجانب المشرق، هنلاقي
انه لو جبنا شهر اغسطس اللي بيكون الجو فيه حار جداً،
والايام اللي بيحصل فيها المطر الشديد في الشتا، هنلاقي انه جو
مصر بيظل من الاجواء الجميلة جداً. اللي ممكن الواحد يستمتع فيها
بالخروج في اي وقت. شكراً.

Hello! It rained yesterday. All night we could hear it raining. We got up in the morning and found the streets drenched. It took me a very long time this morning to decide to go to work and let the kids go to school. Unfortunately, rainfall has come to cause a crisis here and general chaos in the streets. And car accidents may happen too, God forbid. It wasn't like this before. But apparently, with the global climate change, the weather in Egypt has changed. Previously, we thought that Egypt's weather was mild in the summer and warm in the winter. But now summer has become extremely hot and humid, and winter has become extremely cold. And the rain has become heavy and this happens over and over. Also, because we are not used to this, the streets here are not well prepared to consume this much water. But let me look at the bright side: Rain cleans everything. I feel the trees are greener, the buildings are cleaner. If the streets didn't have puddles on them, they'd also be clean. Overall, the weather became so different from how it used to be. But, again, looking at the bright side, we'll find, if we put aside August with its very hot weather, and the days with the heavy rain in the winter, we can still find that the weather in Egypt is quite nice, so that one can enjoy going out anytime. Thanks!

اهْلاً بيكُم.	1	áhlan bīkum.	Welcome to-you!
الدِّنْيا مطّرِت اِمْبارِح.	2	iddínya maṯṯárit imbāriħ.	The-world rained yesterday.
طول الليل سامْعينْها بِتْمطّر.	3	ṯūl illēl sam3ínha bitmáṯṯar.	Throughout the-night we-heard-it it-rains.
صِحينا الصُّبْح، لاقَيْنا الشَّوارِع غرْقانه.	4	ṣiħīna -ṣṣúbħ, laʔēna -ššawāri3 ɣarʔāna.	We-got-up the-morning, we-found the-streets drowning.
اخدْت وقْت طَويل جِدّاً الصُّبْح	5	axádtə wáʔtə ṯawīl gíddan iṣṣúbħ	I-took time long very the-morning
عشان آخُد قرّار اِنّ اِحْنا نِنْزِل شُغْلِنا و انزِّل الوِلاد المدْرسه.	6 *	3ašān āxud qarrār inn íħna nínzil šuɣlína w anázzil ilwilād ilmadrása.	So-that I-take decision that we go-out our-work and I-take-out the-children the-school.
لِلاسف اصْبح نُزول المطر عنْدِنا بِيِسبِّب ازْمه و حالِة فَوْضَى عامّه فى الشَّوارِع.	7	li-lʔásaf áṣbaħ nuzūl ilmáṯar 3andína biysábbib ázma wi ħālit fáwḏa 3ámma fi -ššawāri3.	Unfortunately, it-became fall the-rain at-us it-causes crisis and condition chaos general in the-streets.
و مُمْكِن كمان لا قدّر الله تِحْصل حَوادِث عربِيّات.	8	wi múmkin kamān la qáddar allāh tíħṣal ħawādis 3arabiyyāt.	And possible also not predestine God happen accidents cars.
اِحْنا مكُنّاش كِده.	9	íħna ma-kunnāš kída.	We we-weren't like-this.
لكِن واضِح اِنُّه معَ تغيرُّ حالِة الطّقْس عامةً علَى مُسْتَوَى العالم،	10	lākin wāḏiħ ínnu má3a taɣáyyur ħālit iṯṯáqsə 3āmatan 3ála mustáwa -l3ālam,	But clear that-it with change condition the-weather generally to level the-world,
فا حصل تغْييرات فى شكْل الحاله الجَوّيه فى مصْر.	11	fa ħáṣal taɣyirāt fi šakl ilħāla -lgawwíyya f maṣr.	So happened changes in shape the-condition the-atmospheric in Egypt.
يعْنى اِحْنا زمان كُنّا نِعْرف اِنُّه مصْر جَوّها مُعْتدِل فى الصَّيْف و دافى فى الشِّتا.	12	yá3ni íħna zamān kúnna ní3raf ínnu máṣrə gawwáha mu3tádil fi iṣṣēf, wi dāfi fi -ššíta.	Ya-know we used-to we-were we-know that-it Egypt its-weather mild in the-summer and warm in the-winter.
اِنّما حاليّاً اصْبح الصَّيْف شِديد الحراره و الرُّطوبه،	13	innáma ħalíyyan áṣbaħ iṣṣēf šidīd ilħarāra w irruṯūba,	However presently became the-summer extreme the-heat and the-humidity,
و اصْبح الشِّتا شِديد البرُوده.	14	wi ʔáṣbaħ iššíta šidīd ilburūda.	and became the-winter extreme the-cold.
و الامْطار لمّا بْتِحْصل بِتْكون تِقيله جِدّاً، و بْتِتْكرّر كتير.	15	w ilʔamṯār lámma btíħṣal bitkūn tiʔīla giddan, wi btitkárrar kitīr.	And the-rains when they-become it-is heavy very, and it-repeats much.
و برْضُه اِحْنا عشان مِش مُعْتادين علَى ده،	16	wi bárḏu íħna 3ašān miš mu3tadīn 3ála da,	And also, we because not accustomed to this,
فا شَوارِعْنا مبْتِبْقاش مُسْتعِدّه لِاِسْتِقْبال كمِّيّات المطر دى.	17	fa šawarí3na ma-btibʔāš musta3ídda li-stiʔbāl kammiyyāt ilmáṯar di.	So our-streets aren't prepared for-consumption amounts the-rain these.

بسّ خلّينى ابُصّ لِلجانِب المُشْرِق.	**18**	bássə xallīni abúṣṣə li-lgānib ilmúšriq.	But let-me I-look to the-side the-bright:
برْضُه نُزول المطر بِيْنضّف الدِّنْيا.	**19**	bárḍu nuzūl ilmáṭar biynáḍḍaf iddínya.	Also fall the-rain cleans the-world.
بحِسّ اِنُّه الشّجر لَوْنُه زاهى، المبانى بِتْكون نضيفه.	**20**	baɧíss ínnu iššágar lōnu zāhi, ilmabāni bitkūn naḍīfa.	I-feel that-it the-trees their-color bright, the-buildings are clean.
الشَّوارِع لَوْ مفيهاش بِرك مَيّه فا بِتْكون برْضُه نِضْفِت.	**21** *	iššawāri3 law ma-fhāš bírak máyya fa bitkūn bárḍu níḍfit.	The-streets if they-don't-have puddles water then they-are also cleaned.
هُوَّ عامّةً حالْة الجَوّ اصْبحِت مُخْتلِفه عن زمان كِتير.	**22**	húwwa 3ammátan ɧalt ilgáww aṣbáɧit muxtálifa 3an zamān kitīr.	It usually condition the-weather became different from used-to much.
و لَوْ برْضُه هنْبُصّ لِلجانِب المُشْرِق، هنْلاقى اِنُّه	**23**	wi law bárḍu hanbúṣṣə li-lgānib ilmúšriq, hanlāʔi ínnu	And if also we-will-look to the-side the-bright, we-will-find that-it
لَوْ جنِّبْنا شهْر اغُسْطُس اللى بِيْكون الجَوّ فيه حار جِدّاً،	**24**	law ganníbna šahr aɣúsṭus ílli biykūn ilgáwwə fī ɧār gíddan,	if we-put-aside month August that is the-weather in-it heat very,
و الايّام اللى بِيْحْصل فيها المطر الشّدِيد فى الشِّتا،	**25**	w ilʔayyām ílli byíɧṣal fīha ilmáṭar iššidīd fi -ššíta,	and the-days that happen in-them the-rain the-extreme in the-winter,
هنْلاقى اِنُّه جَوّ مصْر يظلّ مِن الاجْواء الجميله جِدّاً.	**26** *	hanlāʔi ínnu gáwwə máṣrə yaẓállə min ilʔágwa -lgamīla gíddan.	we-will-find that-it weather Egypt remains from the-airs the-nice very,
اللى مُمْكِن الواحِد بِسْتمْتع فيها بِالخُروج فى ايّ وقْت.	**27**	ílli múmkin ilwāɧid yistámti3 fīha bi-lxurūg fi áyyə waʔt.	that possible one enjoys in-it with-the-going-out in any time.
شُكْراً.	**28**	šúkran.	Thanks!

6 - نِزِل nízil, literally *to go down*, also means to go out of the house. The reason is that many Egyptians live in apartments and have to go downstairs to go out. The causative is نزِّل názzil *to take downstairs*.

21 - فيه fī *there is, there are* is also literally *in it*. In Arabic, you literally say in the street, not on the street. The negative is مفيهاش mafīhāš, but is commonly pronounced with an elided i: mafhāš.

26 - يظلّ yaẓáll is a borrowing from MSA. Using phrases from MSA is common in Egyptians' speech. It is not seen as mixing languages, but simply as using more formal language.

A Visit to Cairo Tower

زيارة برج القاهره

بما انى من اسيوط، و دى مدينه صغيره بامكانيات صغيره مقارنة بالقاهره اللى هى عاصمة مصر، عشان كده القاهره بتعنيلى مدينة الاحلام. من فتره واحد من احلامى دى اتحقق، و هو كان انى ازور برج القاهره. تخيل كده انك بتشوف المدينه الكبيره كلها من على ارتفاع ميه سبعه و تمانين متر، و ده بيساوى تقريباً تسعين دور! واو! فيه جمال كده؟! و فى الواقع، الحقيقه مكانتش اقل جمالاً ابداً عن التخيل. كان منظر رائع، مش ممكن يتوصف ابداً. لازم تشوفه بس! قبل ما اطلع البرج، تحت كان فيه زى شجره ضخمه ليها افرع كبيره نازله منها. كان باين انها فى المكان ده ليها آلاف السنين. كنت مشدودالها تماماً. و بالرغم من انها كانت مبهره بس كانت مخيفه شويه. لزقت فى دماغى من ساعتها و فضلت مرتبطه دايماً بالزياره دى. فى قمة البرج، كان فيه شوية منظارات "تليسكوبات" للناس اللى حابه انها تبص بنظره اقرب. حجزت تذكره و استخدمت واحد. المنظر كان اقرب شويه، بس طبعاً مقدرتش اشوف كل التفاصيل. بس انا حسيت انى شفت كل حاجه او تخيلت، مش عارفه اوى. شفت ناس واقفه فى طابور عشان تشترى عيش. و شوية عيال صغيره طالعين من مدارسهم بيجروا ورا بعضهم. شفت ولد و بنت ماسكين ايد بعضهم و فيه ابتسامه حلوه مرسومه على شفايفهم. فوق هناك، انا اخدت نفسى كانى ماخدتوش قبل كده خالص. و ساعتها حسيت فعلاً بالسلام الداخلى.

بما اني من أسيوط، ودي مدينة صغيرة بإمكانيات صغيرة مقارنة

بالقاهرة اللي هي عاصمة مصر، علشان كده القاهرة تعتبر مدينة الأحلام.

من فترة واحد من أحلامي دي اتحقق، وهو كان اني ازور برج القاهرة. تخيل

كده انك بتشوف المدينة الكبيرة كلها من على ارتفاع مية سبعة وتمانين

متر، وده بيساوي تقريباً تسعين دور! واو! فيه جمال كده؟!

في الواقع، الحقيقة مكانتش اقل جمالاً ابداً من التخيل. كان منظر رائع،

مش ممكن بتوصف ابداً. لازم تشوفه بس! قبل ما اطلع البرج،

تحت كان في أي شجرة ضخمة ليها فرع كبيرة نازلة منها. كان باين

انها في الأساس ده ليها آلاف السنين. كنت مشدود الهوى تماماً. بالرغم

من انه كانت مبهرة بس كانت خفيفة شوية. الزقت لحد ما في

من ساعتها وفضلت مرتبطة دايماً بالزيارة دي. في قمة البرج، كان

فيه شوية نظارات "تليسكوبات" للناس اللي حابة انها تبص

بنظرة أقرب. حجزت تذكرة واستخدمت واحد. المنظر كان أقرب

شوية. بس طبعاً مقدرتش اشوف كل التفاصيل. بس انا حسيت

ان شفت كل حاجة او تخيلت؟ مش عارفة اوي

شفت ناس واقفة طابور علشان تشتري عيش. وشوية عيال صغيرة

طالعين من مدارسهم بيجروا ورا بعضهم. شفت ولد وبنت ماسكين

ايد بعضهم وفيه ابتسامة حلوة مرسومة على شفايفهم. فوق هناك،

انا اخدت نفسي كأني ماخدتوش قبل كده خالص، وساعتها حسيت

فعلاً بالسلام الداخلي.

Since I'm from Asyut, which is small city with small facilities compared to Cairo, which is the capital city of Egypt, Cairo means to me "The City Of Dreams". A while back, one of my dreams came true, which was to visit Cairo Tower. Imagine that you are seeing the whole big city from an altitude of 187 meters, which is equivalent to almost 90 floors! Wow! What beauty! And actually the reality wasn't less beautiful than the imagination. It was such an amazing view that can't be described. You just have to see it! Before I went up the tower, downstairs there was something like a giant tree with huge pendulous branches. It looked like it had been in that place for thousands of years. I was totally fixated on it. And although it was impressive, it was kind of scary. It's been stuck in my mind since then, and has always remained connected to this visit. At the top of the tower, there were several telescopes for people who wanted to take a closer look. I booked a ticket and used one. The view was much closer, but of course I couldn't see all the details . But I felt that I saw everything or imagined I did, I don't really know. I saw people standing in line to buy bread, and few kids coming out of their schools running after each other. I saw a boy and girl holding each other's hands, with lovely smiles drawn on their faces. Up there, I took a breath as if I had never breathed before. And at that moment, I really felt inner peace.

بِما اِنّى مِن اسْيوط،	1	bi-ma ínni min asyūṭ,	Since that-I from Asyut,
و دى مدينه صُغيرّه بِاِمْكانيّات صُغيرّه مُقارنةً بِالقاهِره	2	wi di madīna ṣuɣayyára bi-imkaniyyāt ṣuɣayyára muqaranátan bi-lqāhíra,	And this city small with-facilities little in-comparison with-Cairo,
اللى هِىَّ عاصِمِة مصْر،	3	ílli híyya 3āṣimit maṣr,	which it capital Egypt,
عشان كِده القاهِره بْتِعْنيلى مدينةِ الاحْلام.	4	3ašān kída -lqāhíra bti3nīli madīnit ilʔaɦlām.	Because-of that Cairo means-to-me City the-Dreams.
مِن فترْه واحِد مِن احْلامى دى اِتْحقّق، و هُوَّ كان اِنّى ازور بُرْج القاهِره.	5	min fátra wāɦid min aɦlāmi di itɦáʔʔaʔ, wi húwwa kān ínni azūr burg ilqāhíra.	From period one from my-dreams these came-true, and it was that-I I-visit tower Cairo.
تخيّل كِده اِنّك بِتْشوف المدينه الكِبيره كُلَّها مِن علَى اِرْتِفاع مِيِّه سبْعه و تمانين مِترْ، و ده بِيْساوى تقْريباً تِسْعين دَوْر!	6	taxáyyal kída ínnak bitšūf ilmadīna -lkibīra kulláha min 3āla irtifā3 miyya sáb3a w tamanīn mitr, wi da biysāwi taʔrīban tis3īn dōr!	Imagine like-this that-you you-see the-city the-big all-of-it from on elevation hundred seven and eighty meter, and this equals approximately ninety floor!
واوْ! فيه جمال كِده؟!	7	wāw! fī gamāl kída?!	Wow! There-is beauty like-this?!
و فى الواقِع، الحقيقه مكانِتْش اقلّ جمالاً ابداً عن التّخيُّل.	8 *	wi fi -lwāqi3, ilɦaʔīʔa ma-kanítš aʔállə gamālan abádan 3an ittaxáyyul.	And in the-reality, the-truth wasn't less beautiful at-all than the-imagination.
كان منْظر رائع، مِش مُمْكِن يِتْوِصِف ابداً.	9	kān mánẓar rāʔi3, miš múmkin yitwíṣif abádan.	It-was view amazing, not possible it-is-described at-all.
لازِم تِشوفُه بسّ!	10	lāzim tišūfu bass!	Necessary you-see just!
قبْل ما اطْلع البرْج، تحْت كان فيه زَىّ شجره ضخْمه ليها افْرع كِبيره نازْله مِنْها.	11	ʔáblə m-áṭla3 ilbúrg, táɦtə kān fī záyyə šágara ḍáxma līha áfra3 kibīra názla mínha.	Before that I-go-up the-tower, under was there-is like tree huge it-has branches big coming-down from-it.
كان بايِن اِنّها فى المكان ده ليها آلاف السِّنين.	12	kān bāyin innáha fi -lmakān da līha alāf issinīn.	It-was apparent that-it in the-place that it-has thousands the-years.
كُنْت مشْدودالْها تماماً.	13 *	kúntə mašdudálha tamāman.	I-was fixated-to-it totally.
و بالرّغْم مِن اِنّها كانِت مُبْهِره بسّ كانِت مُخيفه شْوَيّه.	14 *	wi bi-rráɣmə min innáha kānit mubhíra bássə kānit muxīfa šwáyya.	And in-spite of that-it it-was impressive but it-was scary a-little.
لِزْقِت فى دْماغى مِن ساعِتْها و فِضْلِت مُرْتبِطه دايْماً بِالزِّياره دى.	15	lízʔit fi dmāɣi min sā3ítha w fíḍlit murtábiṭa dáyman bi-zziyāra di.	It-stuck in my-mind from its-hour and it-remained connected to-the-visit this.

فى قِمِّة البرْج، كان فيه شْوَيِّة مِنْظارات "تِليسْكوبات" لِلنّاس اللى حابّه اِنّها تْبُص بْنظره اقْرب.	16 *	fī qímmit ilbúrg, kān fī šwáyyit minẓarāt "tilískupāt" li-nnās ílli ɦábba innáha tbúṣṣə b-náẓara áʔrab.	At top the-tower, it-was there-is a-little telescopes “telescopes”for-the-people who liking that-they they-look with look closer.
حجزْت تذْكره و اِسْتخْدِمْت واحِد.	17	ɦagáztə tazkára wi istaxdímtə wāɦid.	I-booked ticket and I-used one.
المنْظر كان اقْرب شْوَيّه، بسّ طبْعاً مقْدِرْتِش اشوف كُلّ التّفاصيل.	18	ilmánẓar kān áʔrab šuwáyya, bássə ṭáb3an ma-ʔdírtiš ašūf kull ittafaṣīl.	The-view was closer a-little, but of-course I-couldn't I-see all the-details .
بسّ انا حسَّيْت اِنىّ شُفْت كُلّ حاجه اَوْ تخيّلْت، مِش عارْفه اوى.	19	bass ána ɦassēt ínni šúftə kúllə ɦāga aw taxayyált, miš 3árfa áwi.	But I I-felt that-I I-saw every thing or I-imagined, not knowing very.
شُفْت ناس واقْفه فى طابور عشان تِشْترى عَيْش.	20	šúftə nās wáʔfa f ṭabūr 3ašān tištári 3ēš.	I-saw people standing in line so-that they-buy bread,
و شْوَيِّة عيّال صُغيرّه طالْعين مِن مدارِسْهُم بيِجْروا ورا بعْضُهُم.	21 *	wi šwáyyit 3ayyāl ṣuɣayyára ṭal3īn min madaríshum biyígru wára ba3ḍúhum.	and a-few kids little coming-out of their-schools they-run behind their-each-other.
شُفْت ولد و بِنْت ماسْكين اِيد بعْضُهُم و فيه اِبْتِسامه حِلْوَه مرْسومه علَى شفايِفْهُم.	22	šúftə wálad wi bíntə maskīn īd ba3ḍúhum wi fī -btisāma ɦílwa marsūma 3ála šafayífhum.	I-saw boy and girl holding hand their-each-other, and there-is smile sweet drawn on their-faces.
فوق هِناك، انا اخدْت نفْسى كانِّى ماخدْتوش قبْل كِده خالِص.	23	fōʔ hinā̄k, ána -xádtə náfsi ka-ínni ma-xadtūš ʔáblə kída xāliṣ.	Above there, I I-took my-breath as-if-me I-didn’t-take-it before this at-all.
و ساعِتْها حسَّيْت فِعْلاً بِالسّلام الدّاخْلى.	24	wi sa3ítha ɦassēt fí3lan bi-ssalām iddáxli.	And its-hour I-felt actually at-the-peace the-inner.

8 - This is a structure borrowed from MSA, with the noun in the indefinite accusative case (i.e. with the suffix ـاً).

13 - مشْدوداِلْها mašdudálha = past participle مشْدود + feminine ـه + indirect object ـلها (to her/it). The ـه -a suffix is written ا (alif) because of the suffix.

14 - Both clauses are preceded by a conjunction, literally *although* and *but*. Although this does not work in English, but it is common in Arabic! A similar example can be seen in the sentence making up lines 1-4.

16 - Notice that ناس naas *people* is feminine singular and adjectives, pronouns, and verbs governed by it agree in gender and number (i.e. are also feminine singular).

21 - Notice how an active participle such as ماسِك māsik undergoes two “sound changes” when the plural suffix ـين is added. First, the short i (kasra) elides (is dropped). This, in turn, causes the preceding long vowel to shorten, as it is followed by two adjacent consonants: māsik + īn = maskīn.

Egyptian Spiderman

سبايدر مان المصرى

سبايدر مان المصرى... ده اسم واحده من الصفحات اللى اشتهرت فى الفتره الاخيره على الفيس بوك. صاحبها شاب مصرى جميل اسمه عاطف. قرر انه يلبس الزى بتاع سبايدر مان و يحاول يرسم البسمه على وشوش الناس. بينزل للشوارع و الاماكن العامه. و تحديداً اماكن تجمعات الاطفال زى المدارس. و بيتصور مع الناس و الاطفال. و احياناً بيوزع عليهم هدايا من غير مقابل. على صفحته بيحط صوره مع الناس اللى قابلهم. او بيحط صور كوميديه ليه بتعبر بطريقه ظريفه عن معاناة الحياه اليوميه فى مصر. زى مثلاً زحمه المترو او الجرى ورا اتوبيسات النقل العام! من غير ما يكتب حاجه، صوره بتكون معبره اكتر من الف كلمه... و بتدحك! اللى فكرنى بيه ان الاسبوع ده هتبدأ الجوله التانيه من الانتخابات البرلمانيه فى مصر (انتخابات مجلس الشعب). و كنت قاعد فى يوم على الفيس بوك، من حوالى شهر كده، ايام ما كانت الجوله الاولى من الانتخابات شغاله. و شفت بوست ظريف جداً على صفحته. البوست كان عباره عن ان سبايدر مان قرر يدخل انتخابات البرلمان! نزل سبايدر مان الشارع، و عمل حمله انتخابيه جامده جداً. و لم حواليه اهل حتته، و اتصور معاهم صور كتير، و عمل فيديوهات حلوه اوى عن الحمله الانتخابيه. و علشان انا على نياتى شويه صدقت بجد انه ممكن يدخل البرلمان و فرحت جداً. و خصوصاً ان رأيى السياسى مش مع البرلمان الجاى ده اوى. او بمعنى اصح، مش مع البرلمان الجاى ده خالص! طلع الموضوع مجرد هزار. بس كنت اتمنى ينزل الانتخابات فعلاً، و كنت هنزل انتخبه اكيد. لان الوضع

السياسى فى مصر دلوقتى مش اكتر من نكته كبيره! و يمكن البرلمان مع سبايدر مان مكانش هيعمل حاجه للناس برضه، لان ايد لوحدها متسقفش. بس ع الاقل كان هيكون دمه خفيف شويه!

سبايدرمان المصري ... ده اسم واحده من الصفحات اللي اشتهرت في

الفتره الاخيره على الفيس بوك. صاحبها شاب مصري جميل اسمه عاطف

قدران بيلبس الزي بتاع سبايدرمان و بيحاول يرسم البسمه على وش

الناس. بينزل للشوارع والاماكن العامه. وتحديداً اماكن تجمعات الاطفال

زي المدارس. وبيتصور مع الناس والاطفال. واحياناً بيوزع عليهم هدايا من غير

مقابل. على صفحته بيحط صوره مع الناس اللي قابلهم. او بيحط صور وفيديو

ليه بتعبر بطريقه ظريفه من معاناة الحياه اليوميه في مصر. زي مثلاً زحمه

المترو او الجري ورا اتوبيسات النقل العام! من غير ما يكتب حاجه، صوره بتكون

معبره اكتر من الف كلمه ... وبتضحك! اللي فكرني بيه ان الاسبوع ده

هتبدأ الجوله التانيه من الانتخابات البرلمانيه في مصر (انتخابات مجلس الشعب)

وكنت قاعد في يوم على الفيس بوك من حوالي شهر كده في ايام ما كانت الجوله

الاولى من الانتخابات شغاله. وشفت بوست ظريف جداً على صفحته.

البوست كان عباره عن ان سبايدرمان قرر يدخل انتخابات البرلمان!

نزل سبايدرمان الشارع و عمل حمله انتخابيه جامده جداً. ولم حواليه اطفال كتير

واتصور معاهم صور كتير وعمل فيديوهات حلوه اوي من الحمله الانتخابيه.

وعلشان انا طيبة شوية صدقت بجد انه ممكن يدخل البرلمان وفرحت جداً .

وخصوصاً ان رأيي السياسي مش مع البرلمان الجاي ده أوي ، أو بمعنى أصح ،

مش مع البرلمان الجاي ده خالص ! طلع الموضوع مجرد هزار ، بس كنت اتمنى ينزل

الانتخابات فعلاً ، وكنت هنزل انتخبه أكيد . لإن الوضع السياسي في مصر

دلوقتي مش أكتر من نكتة كبيرة ! ويمكن البرلمان مع سبايدرمان مكانش

هيعمل حاجة للناس بدرجة ، لإن ايد لوحدها متسقفش . بس ع الأقل كان هيكون

دمه خفيف شوية !

Egyptian Spiderman... This is the name of a page that got famous recently on Facebook. Its owner is a nice, young Egyptian man called Atef. He decided to wear the costume of Spiderman and try to draw a smile on people's faces. He goes down streets and to public places, and specifically places where children gather, like schools. And he takes pictures with people and children. And sometimes he passes out gifts to them with nothing in return. On his page, he puts his pictures with people he's met. Or he puts comedic pictures of himself that express in a funny way the struggle of daily life in Egypt. Like for example, how crowded the subway is, or running after public transportation buses! Without writing anything, his pictures are more expressive than a thousand words... and make you laugh! What reminded me of him is that this week the second round of parliamentary elections (Elections for the People's Council) in Egypt will begin. And I was sitting one day on Facebook, about a month ago, back when the first round of the elections was running. And I saw a very funny post on his page. The post was about Spiderman deciding to enter the elections for Parliament! Spiderman went down the street, and he made a very powerful election campaign. He gathered the people of his neighborhood around him, and he took a lot of pictures with them, and made very funny videos about the election campaign. And because I'm a bit naive, I really believed that he might get into Parliament, and I got really happy. And especially because my political opinion doesn't support this coming Parliament much. Or more correctly, it does not support this coming parliament at all! It turned out to be just a joke. But I was hoping that he was really going to be in the elections, and I was going to vote for him, of course. Because the political situation in Egypt now is nothing more than a big joke! And maybe the Parliament with Spiderman wouldn't do things for the people, either, because one hand cannot clap. But at least it would have been a bit funny!

سْبايْدِر مان المصْرى... ده اِسْم واحْده مِن الصّفحات اللى اِشْتهرِت فى الفترْه الاخيره علَى الفَيْس بوك.	1	spáydir mān ilmáʂri... da ísmə wáɧda min iʂʂafaɧāt ílli ištáharit fi -lfátra -lʔaxīra 3ála ilfēs būk.	Spiderman Egyptian... This name one of the-pages that became-famous in the-period the-recent on the-Facebook.
صاحِبْها شابّ مصْرى جميل اِسْمُه عاطِف.	2	ʂaɧíbha šábbə máʂri gamīl ísmu 3āʈif.	Its-owner youth Egyptian handsome his-name Atef.
قرّر اِنُّه يِلْبِس الزّىّ بْتاع سْبايْدِر مان و يْحاوِل يِرْسِم البسْمه علَى وْشوش النّاس.	3	qárrar ínnu yílbis izzíyyə btā3 spáydir mān wi yɧāwil yírsim ilbásma 3ála wšūš innās.	He-decided that-he he-wears the-costume of Spiderman and he-tries he-draws the-smile on faces the-people.
بيِنْزِل لِلشّوارِع و الاماكِن العامّه.	4	biyínzil li-ššawāri3 w ilʔamākin il3āmma.	He-goes-down to-the-streets and the-places the-public,
و تحْديداً اماكِن تجمُّعات الاطْفال زَىّ المدارِس.	5	wi taɧdīdan amākin tagammu3āt ilʔaʈfāl zayy ilmadāris.	and specifically places gatherings the-children like the-schools.
و بْيِتْصوّر معَ النّاس و الاطْفال.	6	wi byitʂáwwar má3a -nnās w ilʔaʈfāl.	And he-photographs with the-people and the-children.
و احْياناً بِيْوَزّع علَيْهُم هدايا مِن غَيْر مُقابِل.	7	wi aɧyānan biywázza3 3alēhum hadāya min ɣēr muqābil.	And sometimes he-distributes to-them gifts without reciprocation.
علَى صفْحِتُه بِيْحُطّ صُوَرُه معَ النّاس اللى قابِلْهُم.	8	3ála ʂafɧítu biyɧúʈʈə ʂúwaru má3a -nnās ílli ʔabílhum.	On his-page, he-puts his-pictures with the-people that he-met.
اَوْ بِيْحُطّ صُوَر كوميديه ليه بِتْعبّر بِطريقه ظريفه عن معاناة الحَياه اليَوْميه فى مصْر.	9	aw biyɧúʈʈə ʂúwar kumidíyya lī bit3ábbar bi-ʈarīʔa ʐarīfa 3an ma3anāt ilɧáya -lyawmíyya fi maʂr.	Or he-puts pictures comedic for-him they-express in-way funny from struggle the-life the-daily in Egypt.
زَىّ مثلاً زحْمه المِتْرو اَوْ الجرْى ورا اتوبيسات النّقْل العامّ!	10	záyy, másalan, záɧma -lmítru aw ilgáry wára utubisāt innáʔl il3ámm!	Like for-example, crowd the-subwy or the-running after buses the-transport the-public!
مِن غَيْر ما يِكْتِب حاجه، صُوَرُه بِتْكون مِعبّره اكتر مِن الْف كِلْمه... و بِتْدحّك!	11 *	min ɣēr ma yíktib ɧāga, ʂúwaru bitkūn mi3abbára áktar min álfə kílma... wi bitdáɧɧik!	Without that he-writes thing, his-pictures they-are expressive more than thousand word... and they-make-laugh!

اللى فكّرْنى بيه اِنّ الاِسْبوع ده هتِبْدأ الجَوْله التّانْيه مِن الاِنْتِخابات البرْلمانيه فى مصْر (اِنْتِخابات مجْلِس الشّعْب).	**12**	ílli fakkárni bī inn ilʔisbū3 da hatíbdaʔ ilgáwla -ttánya min ilʔintixabāt ilbarlamaníyya fi maṣr (intixabāt máglis iššá3b).	That-which reminded-me of-him that the-week this it-will-begin the-round the-second of the-elections the-parliamentary in Egypt (elections council the-people).
و كُنْت قاعِد فى يَوْم علَى الفَيْس بوك، مِن حَوالى شهْر كِده، ايّام ما كانِت الجَوْله الأولَى مِن الاِنْتِخابات شغّاله.	**13**	wi kúntə ʔā3id fi yōm 3ála -lfēs būk, min ḫawāli šáhrə kída, ayyām ma kānit ilgáwla -lʔūla min ilʔintixabāt šaɣɣāla.	And I-was sitting in day on the-Facebook, from approximately month or-so, days that they-were the-round the-first of the-elections running.
و شُفْت بوسْت ظريف جِداً علَى صفْحِتُه.	**14**	wi šúft pōst ẓarīf gíddan 3ála ṣafḫítu.	And I-saw post funny very on its-page.
البوسْت كان عِباره عن اِنّ سْبايْدِر مان قرّر يِدْخُل اِنْتِخابات البرْلمان!	**15** *	ilpōst kān 3ibāra 3an ínn spáydir mān qárrar yídxul intixabāt ilbarlamān!	The-post it-was phrasing of that Spiderman he-decided he-enters elections the-parliament!
نزِل سْبايْدِر مان الشّارِع، و عمل حمْله اِنْتِخابيه جامْده جِدّاً.	**16**	nízil spáydir mān iššāri3, wi 3ámal ḫámla intixabíyya gámda gíddan.	Went-down Spiderman the-street, and he-made campaign election powerful very.
و لمّ حَوالَيْه اهْل حِتِّتُه،	**17** *	wi lámmə ḫawalē áhlə ḫittítu,	And when around-him people his-place,
و اِتْصوّر معاهُم صُوَر كتير،	**18**	w itṣawwar ma3āhum ṣúwar kitīr,	and he-photographed with-them photos much,
و عمل فيدِيوهات حِلْوَه اوى عن الحمْله الاِنْتِخابيه.	**19**	wi 3ámal vidiyuhāt ḫílwa áwi 3an ilḫámla -lʔintixabíyya.	and he-made videos nice very from the-campaign the-election.
و علشان انا علَى نِيّاتى شْوَيّه صدّقْت بِجدّ اِنُّه مُمْكِن يِدْخُل البرْلمان و فِرْحْت جِداً.	**20**	wi 3alašān ána 3ála niyyāti šwáyya ṣaddáʔtə bi-gadd ínnu múmkin yídxul ilbarlamān wi fríḫtə gíddan.	And because I on my-intentions a-little, I-believed with-seriousness that-it possible he-enters the-parliament and I-rejoiced very.
و خُصوصاً اِنّ رأْيى السِّياسى مِش معَ البرْلمان الجاىّ ده اوى.	**21**	wi xuṣūṣan ínnə ráʔyi issiyāsi miš má3a -lbarlamān ilgáyyə da áwi.	And especially that my-opinion the-political not with the-parliament the-coming this very.
اَوْ بِمعْنَى اصحّ، مِش معَ البرْلمان الجاىّ ده خالِص!	**22**	aw bi-má3na aṣáḫḫ, miš má3a -lbarlamān ilgáyyə da xāliṣ!	Or with-meaning more-correct, not with the-parliament the-coming this at-all!
طِلع المَوْضوع مُجرّد هِزار.	**23**	ṭíli3 ilmawḍū3 mugárrad hizār.	It-turned-out the-subject mere joke.
بسّ كُنْت اتمنَّى يِنْزِل الاِنْتِخابات فِعْلاً،	**24**	báss, kunt atmánna yínzil ilʔintixabāt fí3lan,	But I-was I-hope he-goes-down the-elections really,

و كُنْت هنْزِل انْتِخْبُه اكيد.	25	wi kúntə hánzil antíxbu akīd.	and I-was I-will-go-out I-vote-him certain.
لِإنّ الوَضْع السِّياسى فى مصر دِلْوَقْتى مِش اكْتر مِن نُكْته كْبيره!	26	li-inn ilwaḍ3 issiyāsi f máṣrə dilwáʔti miš áktar min núkta kibīra!	Because the-situation the-political in Egypt now not more than joke big!
و يمْكِن البرْلمان معَ سْبايْدِر مان مكانْش هيِعْمِل حاجه لِلنّاس برْضُه،	27	wi yímkin ilbarlamān má3a spáydir mān ma-kánšə hayí3mil ḫāga li-nnās bárḍu,	And it-is-possible the-parliament with Spiderman wasn't he-will-do thing to-the-people also,
لِإنّ إيد لِوَحْدها متْسقّفْش.	28	li-inn īd li-waḫdáha ma-tsaʔʔáfš.	because hand to its-one doesn'tclap.
بسّ ع الاقلّ كان هيْكون دمُّه خفيف شُوَيّه!	29	báss 3a -lʔaʔáll, kān haykūn dámmu xafīf šuwáyya!	But at-least it-was it-will-be its-blood light a-little!

11 - Adjectives beginning with مِـ mi- (i.e. active and passive participles) do not have elative (comparative/superlative) forms like short adjectives, such as كِبير kibīr → اكْبر ákbar, do. The elative is formed by placing اكْتر áktar after the adjective.

15 - The verb دخل dáxal follows the pattern laid out in table 1s3 in the book *Egyptian Colloquial Arabic Verbs: Conjugation Tables and Grammar*. The imperfect form is commonly يُدْخُل yúdxul, however, can also be heard with kasra (i) in the prefix: يِدْخُل yídxul, as Amr says it.

17 - The preposition حَوالَيْن ḫawalēn around, surrounding drops the final -n before personal suffixes are added:

حَوالَيّا ḫawaláyya	حَوالَيْنا ḫawalēna
حَوالَيْك ḫawalēk	حَوالَيْكُم ḫawalēkum
حَوالَيْكى ḫawalēki	
حَوالَيْه ḫawalē	حَوالَيْهُم ḫawalēhum
حَوالَيْها ḫawalēha	

A Car Accident

حادثة عربيه

اللى انتو شايفينها قدامكو دى فى الصوره عربيتى القديمه، بعد ما طلعت من حادثه رهيبه انا و صحابى. الحادثه دى حصلت و كان راكب معايا كل صحابى و رايحين نشترى شوية حاجات نقصانه قبل ما نطلع رحله كنا مخططينها. الظريف فى الموضوع ان انا ده كان تالت مره ليا اسوق فيها! اللى حصل ببساطه شديده ان انا كنت ماشى بسرعه كبيره و كنت نازل من نزلايه من غير ما اهدى. و كمان كنت بحاول اعدى من عربيه من على يمينها، فا فجأه لقيت تاكسى واقف بينزل واحد. فا حودت تانى شمال و ساعتها فقدت السيطره. العربيه بقت عامله زى الغساله مره واحده و عماله تروح يمين و شمال. و مره واحده راحت طالعه فوق السور و ماشيه بجنبها لحد ما خبطت فى عمود نور و رحت نازل على التاكسى اللى كان واقف. و المصيبه ان كان فيه واحد نازل منه و بيحاسب طيرته من غير ما ياخد باله. الحمد لله الحادثه دى كان ممكن نموت فيها كلنا، بس ربنا كان رحيم بينا و محدش حصله حاجه، غير واحد من صحابى لما شاف عمود النور جاى عليه بسرعه حط ايده على الازاز فا اتعور. (بس ده بسبب غبائه، انا مليش دعوه.) نصيحتى لكل الناس اللى بتسوق بسرعه، ارجوكم خلى بالكو على حياتكو و على حياة الناس اللى بتركب معاكو.

اللي انتو شايفينها قدامكو دي في الصوره عربيتي القديمه،

بعد ما طلعت من حادثه رهيبه انا وصحابي. الحادثه دي

حصلت وكان راكب معايا كل صحابي ورايحين نشتري شوية

حاجات نقصانه قبل ما نطلع رحله كنا مخططينها. الطريف

في الموضوع ان انا ده كان تالت مره ليا اسوق فيها! اللي

حصل ببساطه شديده ان انا كنت ماشي بسرعه كبيره وكنت

نازل من نزلايه من غير ما اهدي. وكمان كنت بحاول اعدي من

عربيه ماشيه على يمينها، فا فجأه لقيت تاكسي واقف بينزل واحد.

فا حودت تاني شمال وساعتها فقدت السيطره. العربيه بقت

عامله زي الغساله مره واحده وعماله تروح يمين وشمال. ومره

واحده راحت طالعه فوق السور وماشيه بجنبها لحد ما خبطت

في عامود نور ورحت نازل على التاكسي اللي كان واقف.

والمصيبه ان كان فيه واحد نازل منه وبيحاسب طيرته من

غير ما ياخد باله. الحمدلله الحادثه دي كان ممكن نموت فيها

كلنا، بس ربنا كان رحيم بينا و محدش حصله حاجة غير
واحد من صحابي لما شاف عمود النور جاي عليه بسرعة
حط ايده على الازاز فا اتعور. (بس ده بسبب غباوته، انا
مليش دعوة.) نصيحتي لكل الناس اللي بتسوق بسرعة:
ارجوكم خلي بالكو على حياتكو وعلى حياة الناس اللي بتركب
معاكو.

What you see in front of you in this picture is my old car after my friends and I got into a terrible accident. The accident happened while all my friends were riding with me, going to buy some stuff we needed before we set out on a trip we had been planning. The funny thing is that this was just the third time for me behind the wheel! What happened simply is that I was driving too fast and was going past a ramp and without slowing down. In addition to that, I was trying to get past a car from its right when suddenly I saw a taxi dropping someone off. So I veered left again and lost control. Suddenly, it was like the car had turned into a washing machine, and kept going right and left. And suddenly it jumped up onto the fence and moved along it until it hit a street light and I crashed into the taxi that had stopped. The worst part is that there was someone getting out of it and paying the fare who I sent flying before he knew what was happening. Thank God! We all could have died in this accident. But God was merciful toward us and nothing happened to anyone, except for one of my friends. When he saw the street light fast approaching, he put his hand against the glass and hurt it. (But that was his foolishness; I had nothing to do with it.) My advice to everyone who drives fast: Please take care with your life and the lives of the people riding with you.

اللى اِنْتو شايْفينْها قُدّامْكو دى فى الصّوره عربِيّتى القديمه،	1	íll- íntu šayfínha ʔuddámku di fi -ṣṣūra 3arabiyyíti -lʔadīma,	That-which you seeing-it in-front-you this in the-picture this my-car the-old,
بعْد ما طْلِعْت مِن حادْثه رهيبه انا و صُحابى.	2	bá3də ma ṭlí3tə min ɦádsa rahība ána w ṣuɦābi.	after that I-got-out from accident terrible I and my-friends.
الحادْثه دى حصلِت و كان راكِب معايا كُلّ صْحابى	3	ilɦádsa di ɦáṣalit wi kān rākib ma3āya kúllə ṣɦābi	The-accident this it-happened and it-was riding with-me all my-friends,
و رايْحين نِشْترِى شْوَيّة حاجات نقْصانه قبْل ما نِطْلع رِحْله كُنّا مِخطّطّينْها.	4	wi rayɦīn ništíri šwáyyit ɦagāt naʔṣāna ʔáblə ma níṭli3 ríɦla kúnna mixaṭṭiṭínha.	And going we-buy a-few things lacking before that we-go-out trip we-were planning-it.
الظّريف فى الموْضوع اِنّ انا ده كان تالِت مرّه لِيّا اسوق فيها!	5	iẓẓarīf fi -lmawḍū3 inn ána da kān tālit márra líyya asūʔ fīha!	The-funny in the-matter that I this was third time for-me I-drive in-it!
اللى حصل بِبساطه شديده اِنّ انا كُنْت ماشى بْسُرْعه كْبيره	6	ílli ɦáṣal bi-basāṭa šadīda inn ána kúntə māši b-súr3a kbīra	That-which happened with-simplicity extreme that I I-was going with-speed great
و كُنْت نازِل مِن نزلايه مِن غيْر ما اهدّى.	7	wi kúntə nāzil min nazalāya min ɣēr ma aháddi.	and I-was going-down from ramp without that I-calm-down.
و كمان كُنْت بحاوِل اعْدى من عربيه مِن علَى يمْينْها،	8	wi kamān kúntə baɦāwil á3di min 3arabíyya min 3ála ymínha,	And also I-was I-try I-pass from car from on its-right
فا فجْأه لقَيْت تاكْسى واقِف بِيْنزِّل واحِد.	9	fa fágʔa laʔēt táksi wāʔif biynázzil wāɦid.	so suddenly I-found taxi stopping dropping-off one.
فا حَوَدْت تانى شْمال و ساعِتْها فقدْت السَّيْطره.	10	fa ɦawádtə tāni šmāl wi sā3ítha faqádt issayṭára.	So I-veered again left and its-hour I-lost the-control.
العربيه بقِت عامْله زَىّ الغسّاله مرّه واحْده و عمّاله تْروح يمين و شْمال.	11 *	il3arabíyya báʔit 3ámla zayy ilɣassāla márra wáɦda w 3ammāla trūɦ yimīn wi šmāl.	The-car it-became working like the-washing-maschine time one and keeping it-goes right and left.
و مرّه واحْده راحِت طالْعه فَوْق السّور و ماشيه بِجنْبها	12	wi márra wáɦda rāɦit ṭál3a fōʔ issūr wi mášya bi-gambáha	And time one it-went ascending on the-wall and going along-it
لِحدّ ما خبطِت فى عمود نور و رُحْت نازِل علَى التّاكْسى اللى كان واقِف.	13	li-ɦáddə ma xábaṭit fi 3amūd nūr wi rúɦtə nāzil 3ála -ttáksi ílli kān wāʔif.	until that it-hit in pole light and I-went descending on the-taxi that it-was stopping.
و المُصيبه اِنّ كان فيه واحِد نازِل مِنُّه و بِيْحاسِب طيرّتُه مِن غَيْر ما ياخُد بالُه.	14 *	w ilmuṣība ínnə kān fī wāɦid nāzil mínnu w biyɦāsib ṭayyártu min ɣēr ma yāxud bālu.	And misfortune tht it-was there-was one descending from-it and he-settles-fare, I-made-fly-him without that he-takes his-notice.

الحمْدُ لله الحادْثه دى كان مُمْكِن نموت فيها كُلّنا،	15	ilɦámdu l-illāh ilɦádsa di kān múmkin nimūt fīha kullína,	The-praise to-God, the-accident this it-was possible we-die in-it all-of-us.
بسّ ربِّنا كان رحيم بينا و محدِّش حصلُه حاجه، غَيْر واحِد مِن صُحابى	16	bássə rabbína kān raɦīm bīna w ma-ɦáddiš ɦáʂalu ɦāga, ɣēr wāɦid min ʂuɦābi	But our-lord he-was merciful with-us and nobody it-happened-to-him thing, except one from my-friends.
لمّا شاف عمود النّور جاىّ علَيْه بِسُرْعه حطّ ايدُه علَى الازاز فا اِتْعَوّر.	17	lámma šāf 3amūd innūr gáyyə 3alē bi-súr3a ɦaţţ īdu 3ála -lʔizāz fa -t3áwwar.	When he-saw pole the-light coming upon-him with-speed, he-put his-hand on the-glass so it-was-injured.
(بسّ ده بِسبب غباتُه، انا مليش دعْوَه.)	18	(bássə da bi-sábab ɣabāʔu, ána ma-līš dá3wa.)	(But that with-reason his-foolishness; I I-didn't-have invitation.)
نصيحْتى لْكُلّ النّاس اللى بِتْسوق بِسُرْعه،	19	naʂíɦti l-kull innās ílli bitsūʔ bi-súr3a,	My-advice the-whole the-people who they-drive with-speed:
ارْجوكُم خلّى بالْكو علَى حَياتْكو و علَى حَياة النّاس اللى بْترِكْب معاكو.	20	argūkum xálli bálku 3ála ɦayátku w 3ála ɦayāt innās ílli btírkab ma3āku.	I-ask-you take your-care on your-life and on life the-people that they-ride with-you.

11 - عمّال 3ammāl (عمّاله 3ammāla, عمّالين 3ammalīn) + bare imperfect verb = *to keep/continue __ing*

14 - طيّر ţáyyar *to make fly* is the causative form of the verb طار ţār *to fly.*

Mostafa in Islamic Cairo

مصطفى فى القاهرة المعز

بعد اسبوع مجهد و متعب فى الكليه قررت انا و صحابى ان احنا نخرج نتفسح و نشم نفسنا شويه قبل ما نخش على الامتحانات. قعدنا نفكر هنخرج فين لحد ما واحد صاحبى قال: انا هعملكو مفاجأه، هنروح مكان اول مره نروحه. كلنا اصرينا ان احنا نعرف ايه هو المكان ده لحد ما قالنا شارع المعز. الاسم كان غريب بالنسبه لى و كان اول مره اسمع عنه. المهم جهزنا نفسنا و جه يوم الخميس. خلصنا الكليه و ركبنا المترو. المشوار كان طويل شويه، بس المكان كان جميل جداً. من اول الشارع بتلاقى باب اثرى اسمه باب النصر ضخم جداً و شكله جميل. المكان كان كله تراث و اثار اسلامى. و من اجمل الجوامع هناك جامع الحاكم بأمر الله. دخلنا الجامع ده. الساحه بتاعته جميله جداً مليانه حمام و قناديل و عمدان. شكلها جميل جداً و برضه كان فيه حاجه زى نافوره. بس معجبتنيش اوى. صلينا العصر هناك. و قعدنا نتصور و نصور المكان. و بعد كده دخلنا كذا جامع تانى. كانوا كويسين بس مش زى جامع الحاكم. المكان فى المجمل رائع، بس كان فيه شوية سلبيات زى ان نضافة الشارع مش اوى بالنسبه لمكان اثرى. كمان مفيش حاجه بتحكى عن كل مكان، زى مثلاً اتبنى ليه و امتى و الحاجات دى. بس زى ما قلت المكان تحفه، و فيه ناس كتير فى مصر مش عارفاه. لازم يفكروا يزوروه فى اقرب فرصه.

بعد اسبوع مجهد ومتعب في الكلية قررت انا وصحابي ان احنا نخرج نتفسح ونشم نفسنا شوية قبل ما ندخل على الامتحانات . قعدنا نفكر هنخرج فين لحد ما واحد صاحبي قال : انا هعملكوا مفاجأة . هنروح مكان اول مرة نروحه كلنا اصلينا ان احنا نعرف ايه هو المكان ده لحد ما قالنا شارع المعز . الاسم كان غريب بالنسبة لي وكان اول مرة اسمع عنه . المهم جهزنا نفسنا وجه يوم الخميس . خلصنا الكلية وركبنا المترو . المشوار كان طويل شوية بس المكان كان جميل جداً . من اول الشارع بتلاقي باب اثري اسمه باب الذهب ضخم جداً وشكله جميل . المكان كان كله تراث واثار اسلامي . ومن اجمل الجوامع هناك جامع الحاكم بامر الله . دخلنا الجامع ده . الساحة بتاعته جميلة جداً وفيها حمام وقناديل وعمدان . شكلها جميل جداً وبرضه كان فيه حاجة زي النافورة . بس معجبتنيش اوي . صلينا العصر هناك . وقعدنا نتصور ونصور المكان . وبعد كده دخلنا كذا جامع تاني .

كانوا كويسين بس مش زي جامع الحاكم . المكان في المجمل رائع بس كان فيه شوية سلبيات زي ان نضافة الشارع مش اوي بالنسبة لمكان اثري .

كمان مفيش حاجة بتحكي عن كل مكان زي مثلاً اتبنى ليه وامتى والحاجات دي .

بس زى ما قلت المكان تحفه و فيه ناس كتير فى مصر مش عارفاه .

لازم يفكروا يزوروه فى اقرب فرصه .

After a difficult and exhausting week at college, my friends and I decided to go out and have some fun before the exams start. We kept thinking about where we should go until one of my friends said, "I'll surprise you by going to a place that we have never gone before." We insisted on knowing the place, so he told us Muizz Street. The name was a little strange for me and it was the first time to hear about it. Anyway, we got ready. It was Thursday. We finished school and took the subway. It was a bit of long journey, but the place was amazing. At the beginning of the street, you can see a historical gate called Nasr Gate. It's enormous and looks so nice. The whole place was full of Islamic heritage and monuments. And the most beautiful mosque there is a mosque called Al-Hakim bi-Amr Allah. We went into that mosque. Its courtyard is fabulous, full of pigeons, lanterns, and columns. They looked so nice. Also, there was something like a fountain, but I didn't like it so much. We performed the afternoon prayers there. And we kept taking photos of ourselves and of the place. After that, we went into some other mosques. They were nice, but not like Al-Hakim Mosque. The whole street was fantastic, but there were some negatives, as the street was not that clean for a historic place. And also there was nothing to tell about the places, like why they were built and when, and things like that. But as I said, the place is amazing. And many people in Egypt don't know about it. They should think about visiting at the earliest opportunity.

بعْد اِسْبوع مُجْهِد و مُتْعِب فى الكُلّيه قرّرْت انا و صُحابى اِنّ اِحْنا نُخْرُج نِتْفسّح و نِشِمّ نفسْنا شُوَيّه قبْل ما نِخُشّ على الاِمْتِحانات.	1 *	ba3də isbū3 múghid wi mút3ib fi -lkullíyya qarrárt ána w ṣuḫābi inn íḫna núxrug nitfássaḫ wi nišímmə nafásna šuwáyya ʔáblə ma nixúššə 3ála -lʔimtiḫanāt.	After week difficult and tiring at the-college, I-decided I and my-friends that we we-go-out we-have-fun and we-smell our-self [we-recover] a-little before that we-enter to the-exams.
قعدْنا نِفكّر هنُخْرُج فَيْن لِحدّ ما واحِد صاحْبى قال: انا هعْمِلْكو مُفاجْأه، هنْروح مكان اوِّل مرّه نِروحُه.	2 *	ʔa3ádna nifákkar hanúxrug fēn li-ḫáddə ma wāḫid ṣáḫbi ʔāl: ána ha3milúku mufágʔa, hanrūḫ makān áwwil márra nirūḫu.	We-sat we-think we-will-go-out where until that one my-friend said: I I-will-make-to-you surprise, we-will-go place first time we-go-it.

كُلِّنا اصرَّينا انّ اِحْنا نِعْرف اَيْه هُوَّ المكان ده لِحدّ ما قالِّنا شارِع المُعِزّ.	3	kullína ʔaṣarrēna inn íɧna ní3raf ʔē húwwa -lmakān da li-ɧáddə ma ʔallína šāri3 ilmu3ízz.	All-of-us we-insisted that we we-know what it the-place that until that he-told-to-us street the-Muizz.
الاِسْمِ كان غريب بِالنِّسْبه لى و كان اوِّل مرّه اسْمع عنُّه.	4	ilʔísmə kān ɣarīb bi-nnisbāli w kān áwwil márra ásma3 3ánnu.	The-name it-was strange as-for to-me and it-was first time I-hear of-it.
المُهِمّ جهِّزْنا نفْسِنا و جِه يَوْم الخميس.	5	ilmuhímm, gahhízna nafsína w gih yōm ilxamīs.	The-important, we-prepared our-self and it-came day Thursday.
خلّصْنا الكُلّيه و رِكِبْنا المِترو.	6	xalláṣna -lkullíyya w rikíbna -lmítro.	We-finished the-college and we-rode the-subway.
المِشْوار كان طِويل شُوَيّه،	7	ilmišwār kān ṭiwīl šuwáyya,	The-journey it-was long a-little,
بسّ المكان كان جميل جِدّاً.	8	bass ilmakān kān gamīl gíddan.	but the-place it-was beautiful very.
مِن اوِّل الشّارِع بِتْلاقى باب اثرى اِسْمُه باب النّصْر،	9	min áwwil iššāri3 bitlāʔi bāb ásari ísmu bāb innáṣr,	From beginning the-street you-find door gate its-name Door Nasr,
ضخْم جِدّاً و شكْلُه جميل.	10 *	ḍáxmə gíddan wi šáklu gamīl.	enormous very and its-shape beautiful.
المكان كان كُلُّه تُراث و اثار اِسْلامى.	11	ilmakān kān kúllu turās wi asār islāmi.	The-place it-was all-of-it heritage and monuments Islamic.
و مِن اجْمل الجَوامِع هناك جامِع الحاكِمِ بِأمْر الله.	12	wi min ágmal ilgawāmi3 hināk gāmi3 ilɧākim bi-amr allāh.	And from most-beautiful the-mosques there mosque Al-Hakim bi-Amr Allah.
دخلْنا الجامِع ده. السّاحه بْتاعْتُه جميله جِدّاً ملْيانه حمام و قناديل و عِمْدان.	13	daxálna -lgāmi3 da. issāɧa btá3tu gamīla gíddan malyāna ɧamām wi ʔanadīl wi 3imdān.	We-entered the-mosque that. The-courtyard of-it beautiful very filled pigeons and lanterns and columns.
شكْلها جميل جِدّاً و برْضُه كان فيه حاجه زَىّ نافوره.	14	šakláha gamīl gíddan wi bárḍu kān fī ɧāga záyyə nafūra.	Their-shape beautiful very and also it-was there-is thing like fountain,
بسّ معجبتْنيش اوى.	15 *	bássə ma-3agabitnīš áwi.	but it-didn't-please-me very.
صلَّيْنا العصْر هْناك.	16	ṣallēna -l3áṣrə hnāk.	We-prayed the-afternoon there.
و قعدْنا نِتْصوّر و نْصوّر المكان.	17	wi ʔa3ádna nitṣáwwar wi nṣáwwar ilmakān.	And we-sat we-are-photographed and we-photograph the-place.
و بعْد كِده دخلْنا كذا جامِع تانى.	18	wi bá3də kída daxálna káza gāmi3 tāni.	And after that, we-entered several mosque other.

كانوا كْوَيِّسين بسّ مِش زَيّ جامع الحاكِم.	19	kānu kwayyisīn bássə miš záyyə gāmi3 ilɧākim.	They-were nice, but not like mosque Al-Hakim.
المكان فى المُجْمل رائع،	20	ilmakān fi -lmúgmal rāʔi3,	The-place in the-whole fantastic,
بسّ كان فيه شْوَيِّة سِلْبِيّات زَيّ اِنّ نضافِة الشّارِع مِش اوى بِالنِّسْبه لِمكان اثرى.	21	bássə kān fī šwáyyit silbiyyāt zayy ínnə naḓāfit iššāri3 miš áwi bi-nnísba li-makān ásari.	but it-was there-is a-few negatives, like that cleanliness the-street not very as-for to-place historic.
كمان مفيش حاجه بِتِحْكى عن كُلّ مكان،	22	kamān ma-fīš ɧāga bitíɧki 3an kúllə makān,	Also there-isn't thing it-tells about every place,
زَىّ مثلاً اِتْبَنّى لَيْه و اِمْتَى و الحاجات دى.	23	záyyə másalan itbánna lē wi ímta w ilɧagāt di.	like for-example it-was-built why and when and the-things these.
بسّ زَىّ ما قُلْت المكان تُحْفه،	24 *	bássə záyyə ma ʔult ilmakān túɧfa,	But like what I-said, the-place wonder.
و فيه ناس كِتير فى مصر مِش عارْفاه.	25	wi fī nās kitīr fi máṣrə miš 3arfā.	And there-is people much in Egypt not knowing.
لازِم يِفكّروا يْزوروه فى اقْرب فُرْصه.	26	lāzim yifakkáru yzurū fi áʔrab fúrṣa.	Necessary they-think they-visit at closest opportunity.

1 - اِتْفسّح itfássaɧ *to go for a stroll;* شمّ نفسُه šammə náfasu *to unwind, relax.*

2 - قعد ʔá3ad (lit. *to sit*) + bare imperfect verb = *to keep __ing, continue to __.*

10 - شكْلُه šáklu (lit. *one's shape is*) is equivalent to the English verb to look (*like*). Because the noun شكْل šakl *shape* is masculine singular, a predicate adjective will also be also masculine singular. Compare: اِنْتى ínti gamīla *you (f.) are beautiful* vs. شكْلِك جميل šáklik gamīl *you (f.) look beautiful.*

15 – عجب 3ágab *to please* better translates as to like in English, with the subject and object reversed: يعجبْنى yi3gíbni *I like it* (lit. *it pleases me*), analogous to the Spanish *me gusta*, French *il me plaît*, and German *es gefällt mir*.

24 - تُحْفه túɧfa (lit. *work of art; rarity*) is used like an a predicate adjective meaning *wonderful, amazing,* etc., but it is actually a singular feminine noun, and is thus invariable, hence its use after a masculine singular noun here.

Death of a Friend

وفاة صديق

اترددت كتير قبل ما اكتب عن الموضوع ده، بس قررت اكتب عشان جزء منى مصدق ان، بطريقةٍ ما، الكتابه بتشفى الواحد. من تلات اسابيع تقريباً، كنت بقلب فى الفيس بوك عادى قبل ما انام، و كل حاجه كانت طبيعيه لحد ما جيت عند بوست فيه صوره لشخص كان زميلى فى تدريب التنس بقاله تلات سنين، قريت الكلام اللى مكتوب على الصوره، و قريته مرتين كمان و كل مره فيهم كنت بتمنى اكون قريت حاجه غلط. الصوره كان مكتوب عليها انه توفى فى حادثة عربيه و كان فيها دعاء ليه. احساس الصدمه اللى جالى ساعتها عمرى ما مريت بيه قبل كده. يمكن مريت بوفاة ناس قريبين ليا قبل كده، بس عمرى ما عدى عليا وفاة حد من سنى! الفكره نفسها كانت صاعقه. و انا رايحه العزا بتاعه، و انا بلبس اسود، مكنتش قادره استوعب ايه اللى بيحصل، كنت حاسه ان عادى انا نازله اشوف صحابى بس المره دى هيبقى فيه حاجه ناقصه، فيه حد ناقص بمعنى اصح. انا عندى عشرين سنه. و عمرى ما اديت فكرة الموت وقت افكر فيها، و مكانش عندى فلسفه ثابته تجاهها اقدر بيها اواجه الموقف. وفاة صديقى ده فتحت عينى على حاجات كتير اوى. فى الاول، و لمدة اسابيع، فضلت فكرة الموت بتروح و تيجى فى دماغى، كنت بعانى عشان اقوم من السرير الصبح، و وقفت كل شغلى و اتأخرت كتير فى تسليم الواجبات المطلوبه منى فى الكليه، و مكنتش عايزه اتكلم مع حد. بس لما بدأت افوق من الصدمه اتعلمت كتير. وفاة صديقى فكرتنى ان وقتنا فى الدنيا دى محدود، فا لازم يبقى لينا رؤيه لحياتنا، و لازم نفكر ايه الرساله اللى احنا

موجودين على الارض هنا عشان نحققها. و احنا شباب، سهل اوى نقع فى فكره ان عادى نضيع معظم وقتنا فى حاجات ملهاش لازمه و بنقول احنا لسه صغيرين و قدامنا وقت طويل، فا بنأجل قراراتنا المهمه. غلط. نظرتى للوقت كلها اختلفت و بقيت مقدره كل ثانيه من كل يوم و بحاول استغلها. بابا دايماً بيقولى: مع المشاكل اللى بتقابلك، بتيجى هديه مستخبيه. انا عارفه ان مفيش حاجه فى الدنيا ممكن تعوض وفاة الصديق، بس هعتبر الدرس اللى اتعلمته ده هديه مستخبيه.

اترددت كتير قبل ما اكتب عن الموضوع ده، بس قررت اكتب عشان جزء مني مصدق ان، بطريقة ما، الكتابة بتشفي الواحد. من تلات اسابيع تقريباً كنت بقلب في الفيس بوك عادي قبل ما انام، وكل حاجه كانت طبيعيه لحد ما جيت عند بوست فيه صوره لشخص كان زميلي في تدريب التنس بقاله تلات سنين، قريت الكلام اللي مكتوب على الصورة، وقريته مرتين كمان وكل مره فيهم كنت بتمنى اكون قريت حاجه غلط. الصوره كان مكتوب عليها انه توفى في حادثة عربيه وكان فيها دعاء ليه. احساس الصدمه اللي جالي ساعتها عمري ما مريت بيه قبل كده. يمكن مريت بوفاة ناس قريبين ليا قبل كده، بس عمري ما عدى عليا وفاة حد من سني! الفكره نفسها كانت صاعقه. وانا رايحه العزا بتاعه، وانا بلبس اسود، مكنتش قادره استوعب ايه اللي بيحصل، كنت حاسه ان عادي انا نازله اشوف صحابي بس المره دي هيبقى فيه حاجه ناقصه، فيه حد ناقص بمعنى اصح. انا عندي عشرين سنه. وعمري ما اديت فكرة الموت وقت افكر فيها، ومكانش عندي فلسفه ثابته تجاهها اقدر بيها اواجه الموقف. وفاة صديقي ده فتحت عيني على حاجات

كتير اوي. في الاول، ولمدة اسابيع، فضلت فكرة الموت بتروح وتيجي في دماغي، كنت بعاني عشان اقوم من السرير الصبح، ووقفت كل شغلي واتأخرت كتير في تسليم الواجبات المطلوبة مني في الكلية، ومكنتش عايزة اتكلم مع حد. بس لما بدأت افوق من الصدمة اتعلمت كتير. وفاة صديقي فكرتني ان وقتنا في الدنيا دي محدود، فلازم يبقى لينا رؤية لحياتنا، ولازم نفكر ايه الرسالة اللي احنا موجودين على الارض هنا عشان نحققها. واحنا شباب، سهل اوي نقع في فكرة ان عادي نضيع معظم وقتنا في حاجات ملهاش لازمة ونقول احنا لسه صغيرين وقدامنا وقت طويل، فبنأجل قراراتنا المهمة. غلط. نظرتي للوقت كلها اختلفت وبقيت مقدرة كل ثانية من كل يوم وبحاول استغلها. بابا دايماً بيقولي: مع المشاكل اللي بتقابلك، بتيجي هدية مستخبية. انا عارفة ان مفيش حاجة في الدنيا ممكن تعوض وفاة الصديق، بس هعتبر الدرس اللي اتعلمته ده هدية مستخبية.

I've been quite hesitant about writing on this topic, but I decided to write on it because part of me believes that writing, somehow, heals. Almost three weeks ago, I was checking Facebook before going to bed. All was well, until I saw a picture of a friend of mine whom I had known from tennis practice for three years. I read the photo caption. I read it two more times, each time hoping that I had read it wrong. The photo caption said he died in a car accident and there was a prayer for him. It was my first time to experience that kind of shock. I may have experienced the loss of close ones before, but I've never lost someone my age! The idea itself was terrifying. When I was getting ready to go to his funeral and wearing black, I couldn't comprehend what was happening. It felt like I was going to meet up with my friends as we normally do, but this time something would be missing. Someone would be missing, to be precise. I am twenty years old. I'd never spent time contemplating the idea of death. I didn't have a solid philosophy toward it to help me face the situation. The death of my friend was eye-opening for me on so many levels. At first, and for weeks, the idea of death kept roaming back and forth in my mind. I struggled to get out of bed in the morning. I stopped working altogether and delayed handing in all the required assignments at college. I didn't want to speak to anyone. But when I started getting back on my feet, I realized I had learned a lot. The death of my friend has reminded me that our time in this life is limited. So we should have a vision for our lives. We should think about the message we are here on this earth to fulfill. When we are young, it's really easy to fall prey to the idea of wasting most of our time doing useless stuff and saying that we're young and we still have a long time ahead of us. So we postpone taking necessary decisions. This is wrong. My perspective regarding time has completely changed. I've become really appreciative of every second of every day and am trying to make use of it. My father always tells me that "with every tribulation you face comes a disguised gift". I know there is nothing in the world that would compensate for the death of a friend, but I'll regard the lesson I've learned as the disguised gift!

اِتْردِّدْت كْتير قبْل ما اكْتِب عن المَوْضوع ده،	1	itraddídtə ktīr ʔáblə m- áktib 3an ilmawḍū3 da,	I-hesitated much before that I-write about the-topic this,
بسّ قرّرْت اكْتِب عشان جُزْء مِنّى مِصدّق اِنّ، بِطريقةٍ ما، الكِتابه بْتِشْفى الواحِد.	2	bássə qarrárt áktib 3ašān gúzʔə mínni miṣádda? inn, bi-ṭarīʔitin ma, ilkitāba btíšfi -lwáḥid.	but I-decided I-write so-that piece of-me believing that, in-way some, the-writing heals one.
مِن تلات اسابيع تقْريباً، كُنْت بقْلِب فى الفَيْس بوك عادى قبْل ما انام،	3	min tálat asabī3 taʔrīban, kúntə báʔlib fi -lfēs būk 3ādi ʔáblə m- anām,	From three weeks approximately, I-was I-check in Facebook usual before that I-sleep.

و كُلّ حاجه كانِت طبيعيه لِحدّ ما جيت عنْد بوسْت فيه صوره لِشخْص كان زميلى فى تدْريب التِّنِس بقالُه تلات سِنين،	4	wi kúllə ḫāga kānit ṭabi3íyya li-ḫáddə ma gīt 3ándə pōstə fī ṣūra li-šáxṣə kān zamīli f tadrīb ittínis baʔālu tálat sinīn,	And every thing was natural until that I-came at post in-it picture of-person he-was my-colleague in practice the-tennis it-became-to-him three years.
قرَيْت الكلام اللى مكْتوب علَى الصّوره،	5	ʔarēt ilkalām ílli maktūb 3ála -ṣṣūra,	I-read the-words that written on the-photo.
و قرَيْتُه مرّتَيْن كمان و كُلّ مرّه فيهُم كُنْت بتْمنَّى اكون قرَيْت حاجه غلط.	6	wi ʔarētu marritēn kamān wi kúllə márra fīhum kúntə batmánna akūn ʔarēt ḫāga ɣálaṭ.	And I-read two-times again and every time in-them I-was I-hope I-am I-read thing wrong.
الصّوره كان مكْتوب علَيْها اِنُّه تُوُفّىّ فى حادْثِة عربيه و كان فيها دُعاء ليه.	7 *	iṣṣūra kān maktūb 3alēha ínnu tuwúffi fi ḫádsit 3arabíyya wi kān fīha dú3a lī.	The-photo was written on-it that-he passed-away in accident car and it-was in-it prayer for-him.
اِحْساس الصّدْمه اللى جالى ساعِتْها عُمْرى ما مرَّيْت بيه قبْل كِده.	8	iḫsās iṣṣádma -lli gāli sa3ítha 3úmri ma marrēt bī ʔáblə kída.	Feelings the-shock that came-to-me its-hour I-never that I-passed in-it before this.
يِمْكِن مرَّيْت بِوَفاة ناس قُريِّبين لِيّا قبْل كِده،	9	yímkin marrēt bi-wafāt nās ʔurayyibīn líyya ʔáblə kída,	Possible I-passed at-death people close to-me before this,
بسّ عُمْرى ما عدَّى علَيّا وفاة حدّ مِن سِنّى!	10	bássə 3úmri ma 3ádda 3aláyya wafāt ḫáddə min sínni!	but I-never that it-passed to-me death someone from my-age!
الفِكْره نفْسها كانِت صاعْقه.	11	ilfíkra nafsáha kānit ṣá3qa.	The-idea its-self was terrifying.
و انا رايْحه العزا بِتاعُه، و انا بلْبِس اِسْوِد، مكُنْتِش قادْره اسْتَوْعِب ايْه اللى بِيِحْصل،	12	w ána ráyḫa -l3áza bitā3u, wi ána bálbis íswid, ma-kúntiš ʔádra astáw3ib ʔē -lli biyíḫṣal,	And I-going the-funeral of-him, and I I-wear black, I-wasn't I'm-aware I-comprehend what that happenins.
كُنْت حاسّه اِنّ عادى انا نازْله اشوف صُحابى بسّ المرّه دى هيِبْقَى فيه حاجه ناقْصه،	13 *	kúntə ḫássa ínnə 3ādi ána názla ašūf ṣuḫābi bass ilmarrā-di hayíbʔa fī ḫāga náʔṣa,	I was feeling that usual I going-out I-see my-friends, but the-time this it-will-be in-it thing missing.
فيه حدّ ناقِص بمِعْنَى اصحّ.	14	fī ḫáddə nāʔiṣ bi-má3na aṣáḫḫ.	There-is someone missing, with-meaning more-correct.
انا عنْدى عِشْرين سنه.	15	ána 3ándi 3išrīn sána.	I I-have twenty year.
و عُمْرى ما ادّيْت فِكْرِة المَوْت وقْت افكّر فيها،	16	wi 3úmri m- addēt fíkrit ilmōt waʔt afákkar fīha,	And I-never that I-spent idea the-death time I-think in-it.
و مكانْش عنْدى فلْسفه ثابْته تِجاهْها اقْدر بيها اواجِه المَوْقِف.	17	wi ma-kánšə 3ándi falsáfa sábta tigáhha áʔdar bīha awāgih ilmáwqif.	And I-wasn't I-have philosophy stable toward-it I-can with-it I-confront the-situation.

وفاة صديقى ده فتحِت عَيْنى علَى حاجات كتير اوى.	18	wafāt ṣadīqi da fátaɧit 3ēni 3āla ɧagāt kitīr áwi.	Death my-friend this opened my-eye(s) to things a-lot very.
فى الاوِّل، و لِمُدِّة اسابيع، فِضْلِت فِكْرِة المَوْت بِترْوح و تيجى فى دِماغى،	19	fi -lʔáwwil, wi li-múddit asabī3, fíḍlit fíkrit ilmōt bitrūɧ wi tīgi f dimāɣi,	At the-first, and for-period weeks, kept thought the-death goes and comes in my-brain.
كُنْت بعانى عشان اقوم مِن السّرير الصُّبْح،	20	kúntə ba3āni 3ašān aʔūm min issarīr iṣṣúbɧ,	I-was I-struggle so-that I-get-up from the-bed the-morning.
و وقّفْت كُلّ شُغْلى و اتْأخّرْت كْتير فى تسْليم الواجبات المطْلوبه مِنّى فى الكُلّيه،	21	wi waʔʔáftə kúllə šúɣli wi atʔaxxártə ktīr fi taslīm ilwagibāt ilmaṭlūba mínni fi -lkullíyya,	And I-stopped every my-work and I-delayed much in handling the-assignments the-required of-me in the-college,
و مكُنْتِش عايْزه اتْكلِّم معَ حدّ.	22	wi ma-kúntiš 3áyza atkállim má3a ɧadd.	And I-wasn't wanting I-speak with someone.
بسّ لمّا بدأْت افوق مِن الصّدْمه اِتْعلّمْت كْتير.	23 *	bássə lámma badáʔt afūʔ min iṣṣádma, it3allímtə ktīr.	But when I-started I-overcome from the-shock, I-learned much.
وَفاة صديقى فكّرِتْنى اِنّ وقْتِنا فى الدِّنْيا دى محْدود،	24	wafāt ṣadīqi fakkarítni ínnə waʔtína f iddínya di maɧdūd,	Death my-friend reminded-me that our-time in the-world this limited.
فا لازِم يِبْقَى لينا رُؤْيه لِحَياتْنا،	25	fa lāzim yíbʔa līna rúʔya li-ɧayátna,	So necessary it-is to-us vision for-our-life.
و لازِم نِفكّر ايْه الرِّساله اللى اِحْنا مَوْجودين علَى الارْض هِنا عشان نِحقّقْها.	26	wi lāzim nifákkar ʔē irrisāla ílli íɧna mawgudīn 3āla -lʔárḍə hína 3ašān niɧaʔʔáʔha.	And necessary we-think what the-message that we present on the-earth here so-that we-fulfill-it.
و اِحْنا شباب، سهْل اوى نُقع فى فِكْرِة اِنّ عادى نِضيّع مُعْظم وقْتِنا فى حاجات ملْهاش لازمه	27	w íɧna šabāb, sahl áwi núʔa3 fi fíkrit ínnə 3ādi niḍáyya3 mú3ẓam waʔtína f ɧagāt ma-lhāš lázma	And we youth, easy very we-fall in idea that usual we-waste majority our-time in things they-don'thave necessity
و بِنْقول اِحْنا لِسّه صُغيرّين و قُدّامْنا وقْت طَويل،	28	wi binʔūl íɧna líssa ṣuɣayyarīn wi ʔuddámna wáʔtə ṭawīl,	and we-say we still young and we in-front-of-us time long.
فا بِنْأجِّل قراراتْنا المُهِمّه.	29	fa binʔággil qararátna -lmuhímma.	So we-postpone we-decided the-importance.
غلط.	30	ɣálaṭ.	Wrong.
نظْرِتى لِلْوَقْت كُلّها اِخْتلفِت	31	naẓríti li-lwáʔtə kulláha ixtálafit	My-perspective to-the-time all-of-it became-different.
و بقَيْت مِقدّره كُلّ ثانْيه مِن كُلّ يَوْم و بحاوِل اِسْتغِلْها.	32	wi baʔēt miʔaddára kúllə sánya min kúllə yōm wi baɧāwil istaɣilláha.	And I-became appreciative every second of every day and I-try I-make-use-of-it.

بابا دايماً بِيْقولّى: معَ المشاكِل اللى بِتْقابْلك، بِتيجى هديه مِسْتخبّيه.	33	bāba dáyman biyʔúlli: má3a - lmašākil ílli bitʔáblik, bitīgi hadíyya mistaxabbíyya.	Dad always tells-to-me: with the-problems that you-meet, they-become gift disguised.
انا عارْفه اِنّ مفيش حاجه فى الدِّنْيا مُمْكِن تِعوّض وفاة الصّديق،	34	ána 3árfa ínnə mafīš ḥāga f iddínya múmkin ti3áwwaḍ wafāt iṣṣadīq,	I knowing that there-isn't thing in the-world possible it-compensates-for death the-friend,
بسّ هعْتبِر الدّرْس اللى اِتْعلِّمْتُه ده هديّه مِسْتخبّيه.	35	bássə ha3tíbir iddárs ílli - t3allímtu da hadáyya mistaxabbíyya.	but I'll-regard the-lesson that I-learned this gift disguised!

7 - تُوُفّى tuwúffi *to die, pass away* is a passive measure II verb borrowed from MSA. Borrowing words and expressions from MSA is common in colloquial Egyptian speech and is done to sound more formal, or in this case, reverent. The more colloquial version is اِتْوَفّى itwáffa.

13 - المرّه دى ilmarrā-di: In a few set expressions, the final -a is lengthened before دى di *this/that:* السّنه دى issanā-di *this year.*

23 - فاق مِن صدْمه fāʔ min ṣádma *to recover from shock*

A Trip to the Zoo

جنينة الحيوانات

اهلاً بيكم. يوم السبت اللى فات ابنى الكبير حمزه جه صحانى من النوم، و قالى: ماما ودينى جنينة الحيوانات. انا وديته قبل كده مرتين، و من ساعتها و هو متعلق بالمكان. و دايماً يطلب منى اوديه. اكتر حاجه بتعجبه هناك لما الحراس بيسمحوله انه يوكل الحيوانات بايده. بالنسبه لابنى الصغير سلمان، كانت اول مره يروح و هو مدرك. فا بالتالى الموضوع كان بالنسبه له مبهر جداً. حمزه بقى المره دى كان مركز معايا فى الاتجاهات و بيقرا معايا الخريطه. مثلاً كان عايز يشوف الكانجارو. و قدر ان هو يلاقيه عن طريق ان احنا اتبعنا ارشادات الخريطه. من ضمن الحاجات اللطيفه اللى شفناها كان البحيره بتاعة البط. و لما بيطلعوا من البحيره بنشوفهم ماشيين ورا بعض، زى ما بيقولوا عليه طابور البط. كان شكلهم ظريف اوى. و طبعاً الاساسى ان احنا بندور على الاسد. و الاولاد يقعدوا يقلدوا صوته. انا لاحظت انه الاسد كان عمال يلف جوه القفص بتاعه. يعنى كان احساسى انه هو منزعج. و بظن انه منزعج من الحبس. بصراحه هو فكرة انه الاطفال يقدروا يشوفوا الحيوانات و يتعاملوا معاهم هى فكره لطيفه و مسليه للاطفال. بس فى نفس الوقت ان احنا نحرم الحيوانات اللى طبيعتها انها تعيش بحريه فى الغابه و الاماكن المفتوحه... نحرمهم من الحريه دى، ده شيء يعنى مش كويس. بتخيل انه لو اى حد فينا مكانهم هيبقى حزين جداً. فا... يعنى بشوف انه ممكن نعمل مزرعه فيها حيوانات داجنه و اليفه. الاطفال يستمتعوا و يشوفوا الحيوانات و يلاعبوهم و يوكلوهم، و فى نفس الوقت الحيوانات دى متعوده ان هى

تعيش فى اماكن زى المزرعه. انما الحيوانات اللى عايشه فى الغابه و متعوده على الحريه، احنا منحرمهاش من ده. لانه يعنى آدميتنا تخلينا منبقاش انانيين تجاه بقية المخلوقات. بتمنى فى يوم من الايام انى اخد ابنى لمزرعة الحيوانات بدل جنينة الحيوانات. و بتمنالكم دايماً رحلات لطيفه. شكراً.

اهلا بيكم. يوم السبت اللي فات ابني الكبير حمزه جه صحاني من النوم وقالي: ماما وديني جنينة الحيوانات. انا وديته قبل كده مرتين، ومن ساعتها وهو متعلق بالمكان. وديما يطلبها مني اوديه. اكتر حاجة بتعجبه هناك لما الحراس بيسمحوله انه يوكل الحيوانات بايده. بالنسبة لابني الصغير صلاح، كانت اول مره يروح وهو مدرك. فبالتالي الموضوع كان بالنسبه له مبهر جدا. حمزه بقى المره دي كان مركز معايا في الاتجاهات وبيقرا معايا الخريطة. مثلا كان عايز يشوف الكانجارو، وقدر انه هو يلاقيه عن طريق ان احنا اتبعنا ارشادات الخريطة. من ضمن الحاجات اللطيفة اللي شفناها كان البحيره بتاعة البط. ولما بيطلعوا من البحيره بنشوفهم ماشيين ورا بعض، زي ما بيقولوا عليه طابور البط. كان شكلهم ظريف اوي. وطبعا الاساس ان احنا بندور على الاسد. والاولاد يفضلوا يقلدوا صوته. انا لاحظت انه الاسد كان عمال يلف جوه القفص بتاعه يعني كان احساس انه هو متضايق.

وبظن انه منزعج من الحبس. بطرحه هو فكرة انه الاطفال

يقدروا يشوفوا الحيوانات ويتعاملوا معاهم هي فكرة لطيفة وممتعة

للاطفال. بس في نفس الوقت ان احنا نحرم الحيوانات اللي طبيعتها

انها متعيش بحرية في الغابة والاماكن المفتوحة... نحرمهم من الحرية

دي ده شيء يعني مش كويس. بتخيل انه لو اي حد فينا

مكانهم هيبقى حزين جداً. فـ... يعني بشوف انه ممكن نعمل

مزرعة فيها حيوانات داجنة واليفة. الاطفال يستمتعوا ويشوفوا

الحيوانات ويلاعبوهم ويوكلوهم، وفي نفس الوقت الحيوانات دي

متعودة اصلاً تعيش في اماكن زي المزرعة. انما الحيوانات

اللي عايشة في الغابة ومتعودة على الحرية، احنا منحرمهاش من ده.

لانه يعني آدميتنا تحتّم علينا منبقاش انانيين تجاه بقية المخلوقات.

بتمنى في يوم من الايام اني اخد ابني لمزرعة الحيوانات بدل جنينة

الحيوانات. وبتمنالكم دايماً رحلات لطيفة. شكراً.

Hello! Last Saturday, my older son Hamza woke me up and said to me, "Mom, take me to the zoo." I had taken him there twice before, and ever since then he's been attached to the place. And he always asks me to take him there. The thing that he likes the most there is when the zookeepers let him feed the animals by hand. For my younger son Salman, it was his first time to go while being aware. So it was so amazing for him. This time Hamza was concentrating with me on directions and reading the map with me. For example, he wanted to see the kangaroo. He was able to find the way by following the map directions. One of the nice things we saw was the duck pond. And when they came out of the lake, we saw them walking single file, or as they call it, "in a duck row." They looked so funny. And of course the main target was to look for the lion. And the boys started to mimic its roaring. I noticed that the lion kept turning around in his cage. I felt like it was upset. And I guess it was upset for being confined. Frankly, the idea of letting the kids see and interact with the animals is nice and fun for the kids. But at the same time, depriving animals that naturally live freely in the jungle and open spaces... depriving them from their freedom isn't good. I imagine if any one of us was in their situation, he'd be so sad. So... I think we could make a farm with domestic and tame animals, where kids can enjoy seeing, playing with, and feeding the animals while these animals are already used to living in places like farms. But the animals living in jungle and used to freedom, we won't be depriving them of this. Because our humanity should prevent us from being selfish toward other creatures. I hope one day I'll be able to take my son to the animal farm instead of the zoo. And I wish you all nice trips. Thank you.

اهْلاً بيكُم.	1	áhlan bīkum.	Welcome to-you!
يَوْم السّبْت اللى فات اِبْنى الكِبير حمْزه جِه صحّانى مِن النَّوْم ،	2	yōm issábt ílli fāt íbni -lkibīr ɧámza gih ṣaɧɧāni min innōm,	Day Saturday that passed my-son the-big Hamza came woke-up-me from the-sleep,
و قالّى: ماما ودّينى جِنَيْنْة الحَيَوانات.	3	wi ʔálli: māma waddīni ginínt ilɧayawanāt.	and he-said-to-me, "Mom, take-me garden the-animals."
انا ودَّيْتُه قبْل كِده مرِّتَيْن،	4	ána waddētu ʔáblə kída marritēn,	I-took-him before this two-times,
و مِن ساعِتْها و هُوَّ مِتْعلّق بِالمكان.	5	wi min sa3ítha w húwwa mit3állaʔ bi-lmakān.	and from its-hour and he attached with-the-place.
و دايْماً يِطْلُب مِنّى اوَدّيه.	6	wi dáyman yíṭlub mínni awaddī.	And always he-asks from-me I-take-him.
اكْتر حاجه بتِعْجِبْه هِناك لمّا الحُرّاس بيِسْمحولُه اِنُّه يِوكِّل الحَيَوانات بِايدُه.	7	áktar ɧāga biti3gíbu hināk lámma -lɧurrās biyismaɧūlu ínnu yiwákkil ilɧayawanāt bi-īdu.	Most thing that it-pleases-him there when the-zookeepers allow-to-him that-he he-feeds the-animals with-his-hand.

بِالنِّسْبه لاِبْنى الصُّغيرّ سلْمان، كانِت اوِّل مرّه يِروح و هُوَّ مُدْرِك.	8	bi-nnísba l-ibni iṣṣuɣáyyar salmān, kānit áwwil márra yirūḫ wi húwwa múdrik.	As-for to-my-son the-small Salman, it-was first time he-goes and he aware.
فا بِالتّالى المَوْضوع كان بِالنِّسْبه لُه مُبْهِر جِدّاً.	9	fa bi-ttāli -lmawḍū3 kān bi-nnisbālu múbhir gíddan.	So with-the-following the-matter was as-for to-him amazing very.
حمْزه بقَى المرّه دى كان مِركِّز معايا فى الاِتِّجاهات و بِيِقْرا معايا الخريطه.	10	ḫámza báʔa -lmarrādi kān mirákkiz ma3āya fi -lʔittigahāt wi biyíʔra ma3āya -lxarīṭa.	Hamza then the-time this he-was concentrating with-me in the-directions and he-reads with-me the-map.
مثلاً كان عايِز يِشوف الكانْجارو.	11	másalan kān 3āyiz yišūf ilkángaru.	For-example, he-was wanting he-sees the-kangaroo.
و قدِر اِنّ هُوَّ يْلاقيه عن طريق اِنّ اِحْنا اتّبعْنا اِرْشادات الخريطه.	12	wi ʔídir ínnə húwwa ylaʔī 3an ṭarīʔ inn íḫna -ttabá3na iršadāt ilxarīṭa.	And he-could that he finds-it by way that we we-followed directions the-map.
مِن ضِمْن الحاجات اللّطيفه اللى شُفْناها كان البُحَيْره بِتاعْة البطّ.	13	min ḍimn ilḫagāt illaṭīfa -lli šufnāha kān ilbuḫēra bitá3t ilbaṭṭ.	From within the-things the-nice that we-saw-them it-was the-lake of the-ducks.
و لمّا بِيِطْلعوا مِن البُحَيْره بِنْشوفْهُم ماشْيين ورا بعْض،	14	wi lámma byiṭlá3u min ilbuḫēra binšúfhum mašyīn wára ba3ḍ,	And when they-come-out from the-lake we-see-them walking behind each-other,
زَىّ ما بِيْقولوا علَيْه طابور البطّ.	15	záyyə ma biyʔūlu 3alē: ṭabūr ilbaṭṭ.	as that they-call-to-it: line the-ducks.
كان شكْلُهُم ظريف اوى.	16	kān šaklúhum ẓarīf áwi.	It-was their-shape funny very.
و طبْعاً الاساسى اِنّ اِحْنا بِنْدوّر علَى الاسد.	17	wi ṭáb3an ilʔasāsi inn íḫna bindáwwar 3ála -lʔásad.	And of-course the-main that we we-look for the-lion.
و الاَوْلاد يُقْعُدوا يْقلّْدوا صَوْتُه.	18 *	w ilʔawlād yuʔ3údu yʔallídu ṣōtu.	And the-boys start mimic its-sound.
انا لاحظْت اِنُّه الاسد كان عمّال يِلِفّ جُوّه القفص بِتاعُه.	19 *	ána laḫázṭ ínnu -lʔásad kān 3ammāl yilíffə gúwwa -lʔáfaṣ bitā3u.	I I-noticed that-it the-lion was keeping it-turns inside the-cage of-it.
يعْنى كان اِحْساسى اِنُّه هُوَّ مُنْزعِج.	20 *	yá3ni kān iḫsāsi ínnu húwwa munzá3ig.	That-is it-was my-feelings that-it it upset.
و بظُنّ اِنُّه مُنْزعِج مِن الحبْس.	21	wi baẓúnn ínnu munzá3ig min ilḫábs.	And I-think that-it upset from the-confinement.
بِصراحه هُوَّ فِكْرة اِنُّه الاطْفال يِقْدروا يْشوفوا الحَيَوانات و يِتْعامْلوا معاهُم	22	bi-ṣarāḫa húwwa fíkrit ínnu -lʔaṭfāl yiʔdáru yšūfu -lḫayawanāt wi yit3ámlu ma3āhum	With-candor, it idea that-it the-children can see the-animals and they-interact with-them
هِىَّ فِكْره لطيفه و مُسلّيه لِلاطْفال.	23	híyya fíkra laṭīfa w musallíyya li-lʔaṭfāl.	it idea nice and fun for-the-children.

بسّ فى نفس الوَقْت اِنّ اِحْنا نِحْرِم الحَيَوانات اللى طبيعِتْها اِنّها تِعيش بِحُرّيه فى الغابه و الاماكِن المفْتوحه...	24	báss, fi nafs ilwáʔt inn íɦna níɦrim ilɦayawanāt ílli ṭabi3ítha -nnáha ti3īš bi-ɦurríyya fi -lɣāba w ilʔamākin ilmaftūɦa...	But, at same the-time that we we-deprive the-animals that their-nature that-they live in-freedom in the-forest and the-places the-open...
نِحْرِمْهُم مِن الحُرّيه دى، ده شَيْء يعْنى مِش كُوَيِّس.	25	niɦrímhum min ilɦurríyya di, da šēʔ yá3ni miš kuwáyyis.	we-deprive-them from the-freedom this this thing ya-know not good.
بتْخيِّل اِنُّه لَوْ اَىّ حدّ فينا مكانْهُم هيبْقى حزين جدّاً.	26	batxáyyil ínnu law áyyə ɦáddə fīna makánhum hayíbʔa ɦazīn gíddan.	I-imagine that-it if any one in-us their-place will-become sad very.
فا... يعْنى بشوف اِنُّه مُمْكِن نِعْمِل مزْرعه فيها حَيَوانات داجِنه و اليفه.	27 *	fa... yá3ni bašūf ínnu múmkin ní3mil mazrá3a fīha ɦayawanāt dagína w alīfa.	So... ya-know I-see that-it possible we-make farm in-it animals domestic and tame,
الاطْفال يِسْتمْتِعوا و يِشوفوا الحَيَوانات و يِلاعْبوهُم و يْوكِّلوهُم،	28	ilʔaṭfāl yistamtí3u w yišūfu -lɦayawanāt wi yilá3būhum wi ywakkilūhum,	the-children enjoy and they-see the-animals and play-with-them and feed-them
و فى نفس الوَقْت الحَيَوانات دى مِتْعوِّده اِنّ هِيَّ تِعيش فى اماكِن زَىّ المزْرعه.	29	wi f nafs ilwáʔt ilɦayawanāt di mit3awwída ínnə híyya ti3īš fi amākin zayy ilmazrá3a.	and at same the-time the-animals these accustomed that they live in places like the-farm.
اِنمّا الحَيَوانات اللى عايْشه فى الغابه و مِتْعوِّده علَى الحُرّيه،	30	innáma -lɦayawanāt ílli 3áyša fi -lɣāba w mit3awwída 3ála -lɦurríyya,	However the-animals that living in the-forest and accustomed to the-freedom,
اِحْنا منِحْرِمْهاش مِن ده.	31	íɦna ma-niɦrimhāš min da.	we we-won't-deprive-them of this.
لاِنُّه يعْنى آدمِيِّتْنا تِخلّينا منِبْقاش انانِيين تِجاه بقية المخْلوقات.	32	li-ínnu yá3ni adamiyyítna tixallīna ma-nibʔāš ananiyīn tigāh baʔīt ilmaxluʔāt.	Because-it ya-know our-humanity allows-us we-don't-become selfish toward remainder the-creatures.
بتْمنَّى فى يَوْم مِن الايّام اِنىّ اخُد اِبْنى لِمزْرعِةِ الحَيَوانات بدل جِنَيْنِةِ الحَيَوانات.	33	batmánna f yōm min ilʔayyām ínni áxud íbni li-mazrá3it ilɦayawanāt bádal ginínt ilɦayawanāt.	I-hope in day from the-days that-I I-take my-son to-farm the-animals instead-of garden the-animals.
و بتْمنّالْكُم دايْماً رحلات لطيفه.	34	wi batmannálkum dáyman raɦalāt laṭīfa.	And I-wish-to-you always trips nice.
شُكْراً.	35	šúkran.	Thank-you.

18 - قعد ʔá3ad lit. *to sit* + bare imperfect verb = *to begin to, start __ing*

19 – عمّال 3ammāl (f. عمّاله 3ammāla, pl. عمّالين 3ammalīn) + bare imperfect verb = *to continue to, keep __ing*

20 - يعْنى yá3ni is a cohesion marker (linking word), and can be translated you know, I mean, *that is.* However, because of its pervasive usage in Arabic, it can be thought of as a rather meaningless filler (an utterance used to fill a pause for thought), often best left untranslated.

27 - داجِن dāgin *domesticated* would more correctly have the feminine form داجِنه dágna . As it is not a common word in everyday language, Yomna mixes the pronunciation with elements from MSA.

Winter in Alexandria

الشتا فى اسكندريه

فصل الشتا خلاص على الابواب. كل واحد ابتدى ينزل الهدوم الشتوى و يشوف ايه اللى ناقصه عشان يشتريه و يرتب هيتعامل فى روتين حياته اليومى ازاى. انا عن نفسى بحب الشتا لاسباب معينه، منها ان لبس الشتا احلى و اشيك و فيه نوع من الاناقه. الشتا يعنى راس السنه قربت باحتفالاتها و اجازة الكريسماس، و لو الواحد معاه فلوس ممكن يقضى الكريسماس بره. كمان الشتا هو الوقت اللى اتجوزت فيه و بحتفل فيه بعيد جوازى. حاجه كمان ان النزول فى الشتا من البيت بيبقى اقل من الصيف و ده بيخلى الترابط الاسرى للعايله اكتر. المشكله بقى انى من الاشخاص اللى بيسقعوا بسرعه جداً. مش بستحمل الجو الساقعه خالص. و عشان كده انا بحب الصيف اكتر من الشتا. الصيف يعنى البحر و البنات الحلوه، انما الشتا يعنى الصحيان بدرى الصبح فى عز البرد عشان تروح الشغل. ده غير ان الطرق كلها بتبقى غرقانه ميه و السواقه بتبقى خطر اكتر من الصيف. الاسبوع اللى فات زرت اسكندريه بلدى الام. و فى اسكندريه الشتا ليه طعم تانى خالص غير باقى مصر. يمكن عشان هى بلد ساحليه، يمكن عشان هى البلد اللى اتربيت فيها. المهم ان ليها طعم تانى خالص. القعده على القهوه مع الصحاب و انت بتشرب الشوكولاته السخنه و انت شايف بره الدنيا بتمطر على العربيات و الناس ماشيه بالشماسى و صوت البحر و الموج العالى. كل ده بيخلى اسكندريه ليها مذاق جميل فى الشتا.

فصل الشتا خلاص على الابواب. كل واحد ابتدى ينزل الهدوم

الشتوى و يشوف ايه اللى ناقصه عشان يشتريه و يرتب

هيتعامل فى روتين حياته اليومى ازاى. انا على نفسى بحب

الشتا لاسباب معينه، منها ان لبس الشتا احلى و اشيك وفيه

نوع من الاناقه. الشتا يعنى راس السنه قربت باحتفالاتها

واجازة الكريسماس، ولو الواحد معاه فلوس ممكن يقضى

الكريسماس بره. كمان الشتا هو الوقت اللى اتجوزت فيه ونحتفل

فيه بعيد جوازى. حاجه كمان ان النزول فى الشتا من البيت

بيبقى اقل من الصيف وده بيخلى الترابط الاسرى للعايله اكتر.

المشكله بقى انى من الاشخاص اللى بيسقعوا بسرعه جداً.

مش بستحمل الجو الساقعه خالص. وعشان كده انا بحب الصيف

اكتر من الشتا. الصيف يعنى البحر والبنات الحلوه، انما الشتا

يعنى الصحيان بدرى الصبح فى عز البرد عشان تروح الشغل.

ده غير ان الطرق كلها بتبقى غرقانه ميه و السواقه بتبقى

خطر اكتر من الصيف. الاسبوع اللى فات زرت اسكندريه

بلدي الأم. وفي اسكندرية الشتا ليه طعم تاني خالص غير

باقي مصر، يمكن عشان هي بلد ساحلية، يمكن عشان هي البلد

اللي اتربيت فيها. المهم انه ليها طعم تاني خالص، القعده

على القهوه مع الصحاب وانت بتشرب الشوكولاته السخنه وانت

شايف بره الدنيا بتمطر على العربيات والناس ماشيه بالشماسي

وصوت البحر والموج العالي. كل ده بيخلي اسكندرية ليها مذاق

جميل في الشتا.

The winter season is knocking at our doors. Everyone is starting to get out their winter clothes, and make a checklist of what to buy, and arrange how to deal with their daily routine. As for myself, I love the winter for specific reasons. For example, winter clothes are nicer and more chic, and have a certain elegance. Winter means the new year is near, with its celebrations and the Christmas holiday, and if you have money, you can spend Christmas abroad. Also, winter is the time when I got married and I celebrate my anniversary in it. Another thing is that we go out less in the winter than in the summer, which increases family bonding. The problem is that I am one of those people who gets cold very quickly. I cannot tolerate cold weather at all. And that's why I love summer more than winter. Summer means the sea, and hot chicks, while winter means for me getting up early in the cold weather to go to work. Not to mention the fact that the roads all become covered in water and driving is more dangerous than in summer. Last week, I went for a visit to Alexandria, my hometown, where winter has a different feel than the rest of Egypt. Maybe because it is a coastal city, or maybe because it is my hometown, where I was raised. But anyway, it has a different feel about it. Spending time in the coffee shop with friends while you are drinking hot chocolate and you watch the rain as it pours down on the cars outside, people carrying umbrellas, the sound of the sea and the roaring waves. All this gives Alexandria a lovely feel in the winter.

فصْل الشِّتا خلاص علَى الابْواب.	1	faṣl iššíta xalāṣ 3ála -lʔabwāb.	Season the-winter finally at the-doors.
كُلّ واحِد اِبْتدَى يْنزِّل الهُدوم الشِّتَوى	2	kúllə wāḫid ibtáda ynázzil ilhudūm iššítawi	Every one started he-gets-out the-clothes the-wintry
و يْشوف ايَّه اللى ناقْصه عشان يِشْترِيه	3	wi yšūf ʔē ílli náʔṣa 3ašān yištirī	and he-sees what that lacking so-that he-buys-it,
و يْرتِّب هيِتْعامِل فى روتين حَياتُه اليَوْمى ازّاى.	4	wi yráttib hayit3āmil fī rutīn ḫayātu -lyáwmi izzáyy.	and he-arranges he-will-cope in routine his-life the-daily how.
انا عن نفْسى بحِبّ الشِّتا لِاسْباب مُعيِّنه،	5	ána 3an náfsi baḫíbb iššíta li-asbāb mu3ayyána,	I about myself, I-love the-winter for-reasons specific.
مِنْها اِنّ لِبْس الشِّتا احْلَى و اشْيَك و فيه نَوْع مِن الاناقه.	6 *	mínha ínnə libs iššíta áḫla wi ášyak wi fī nō3 min ilʔanāqa.	From-them that clothes the-winter nicer and more-chic and there-is kind of the-elegance.
الشِّتا يعْنى راس السّنه قرّبِت بِاِحْتِفالاتْها و اجازْة الكْريسْماس،	7	iššíta yá3ni rās issána ʔarrábit bi-iḫtifalátha wi agázt -lkrísmas,	The-winter means head the-year approached with-its-celebrations and vacation the-Christmas,
و لَوْ الواحِد معاه فْلوس مُمْكِن يِقضّى الكْريسْماس برّه.	8 *	wi law ilwāḫid ma3ā flūs múmkin yiʔáḍḍi -lkrísmas bárra.	and if the-one with-him money possible he-spends the-Christmas abroad.
كمان الشِّتا هُوَّ الوَقْت اللى اِتْجوِّزْت فيه و بحْتِفِل فيه بِعيد جَوازى.	9	kamān iššíta húwwa -lwaʔt ílli -tgawwáztə fī w baḫtífil fī bi-3īd gawāzi.	Also the-winter it the-time that I-married in-it and I-celebrate in-it with-holiday my-marriage.
حاجه كمان اِنّ النُّزول فى الشِّتا مِن البَيْت بيِبْقَى اقلّ مِن الصَّيْف	10	ḫāga kamān inn innuzūl fī -ššíta min ilbēt biyíbʔa aʔállə min iṣṣēf	Thing again that the-going-out in the-winter from home becomes less than the-summer,
و ده بِيْخلّى التّرابُط الأُسْرى لِلعايْله اكْتر.	11	wi da biyxálli ittarābuṭ ilʔúsri li-l3ēla áktar.	and this makes the-bond the-family for-the-family more.
المُشْكِله بقَى انِى مِن الاشْخاص اللى بْيِسْقعوا بِسُرْعه جِدّاً.	12	ilmuškíla báʔa ínni min ilʔašxāṣ ílli byisʔá3u bi-súr3a gíddan.	The-problem then that-I from the-people that get-cold with-speed very.
مِش بسْتحْمِل الجَوّ السّاقْعه خالِص.	13	miš bastáḫmil ilgáww issáʔ3a xāliṣ.	Not I-tolerate the-weather the-cold at-all.
و عشان كِده انا بحِبّ الصَّيْف اكْتر مِن الشِّتا.	14	wi 3ašān kída ána baḫíbb iṣṣēf áktar min iššíta.	And for that I I-love the-summer more than the-winter.
الصَّيْف يعْنى البحْر و البنات الحِلْوَه،	15	iṣṣēf yá3ni -lbáḫr, w ilbanāt ilḫílwa,	The-summer means the-sea, and the-girls the-cute,

إنّما الشِّتا يعْنى الصّحْيان بدْرى الصُّبْح فى عِزّ البرْد عشان تِروح الشُّغْل.	16 *	innáma -ššíta yá3ni işşaɦyān bádri işşúbɦə f 3izz ilbárd 3ašān tirūɦ iššúɣl.	whereas the-winter means the-getting-up early the-morning in peak the-cold so-that you-go the-work.
ده غَيْر اِنّ الطُّرُق كُلّها بْتِبْقَى غرْقانه ميه و السِّواقه بْتِبْقَى خطر اكْتر مِن الصَّيْف.	17	da ɣēr inn iṯṯúruʔ kulláha btíbʔa ɣarʔāna máyya w issiwāʔa btíbʔa xáṯar áktar min işşēf.	This without that the-roads all-of-them become drenched water and the-driving becomes dangerous more than in-summer.
الاِسْبوع اللى فات زُرْت اِسْكَنْدِريه بلدى الأُمّ.	18 *	ilʔisbū3 ílli fāt zurt iskindiríyya báladi -lʔumm.	The-week that passed I-visited Alexandria my-town the-mother,
و فى اِسْكَنْدِريه الشِّتا ليه طعْم تانى خالِص غَيْر باقى مصْر.	19 *	wi f iskindiríyya iššíta lī ṯa3m tāni xāliş ɣēr bāʔi maşr.	and in Alexandria the-winter for-it flavor another completely not remainder Egypt.
يِمْكِن عشان هِيَّ بلد ساحْليه،	20	yímkin 3ašān híyya bálad sáɦlíyya,	Maybe because it town coastal,
يِمْكِن عشان هِيَّ البلد اللى اِتْربَّيْت فيها.	21	yímkin 3ašān híyya -lbálad ílli -trabbēt fīha.	maybe because it town that I-was-raised in-it.
المُهِمّ اِنّ ليها طعْم تانى خالِص.	22	ilmuhímm ínnə līha ṯa3m tāni xāliş.	The-important that it-has flavor another completely.
القعْده علَى القهْوَه معَ الصُّحاب	23	ilʔá3da 3ála -lʔahwa má3a -şşuɦāb	The-sitting at the-coffee with the-friends
و اِنْتَ بْتِشْرب الشّوكولاته السُّخْنه	24	w ínta btíšrab iššukulāta issúxna	and you-drink the-chocolate the-hot
و اِنْتَ شايِف برّه الدُّنْيا بِتْمطّر علَى العربِيّات	25	w ínta šāyif bárra iddúnya bitmáṯṯar 3ála -l3arabiyyāt	and you watching outside the-world rains on the-cars,
و النّاس ماشْيه بِالشّماسى	26	w innās mášya bi-ššamāsi	and the-people walking with the-umbrellas,
و صَوْت البحْر و الموْج العالى.	27	wi şōt ilbáɦrə w ilmōg il3āli.	and sound the-sea and the-waves the-high.
كُلّ ده بِيْخلّى اِسْكَنْدِريه ليها مذاق جميل فى الشِّتا.	28 *	kúllə da biyxálli iskindiríyya līha mazāʔ gamīl fi -ššíta.	All this makes Alexandria have taste nice in the-winter.

6 - مِنْها mínha lit. *from (among) them* can translate for example, as what follows are examples from among the aforementioned.

8 - الواحِد ilwāɦid is used as an impersonal pronoun, as is the masculine singular second person pronoun اِنْتَ ínta *you*.

16 - في عِزّ fi 3izz *at the height/peak of* is found in several set expressions, such as في عِزّ الشتا fi 3izz iššíta *in the depths of winter;* في عِزّ اللّيْل fi 3izz illēl *in the dead of night.*

18 - الاُمّ ___ __ ilʔumm *mother/native* __ is used as an adjective: لُغتْنا الاُمّ luɣátna -ilʔumm *our native language / my mother tongue.*

19 - طعْم ṭa3m and مذاق mazāʔ both literally mean *taste,* but are used idiomatically here to mean *atmosphere* or *feel.*

28 - see 19

Yomna's Birthday

عيد ميلاد يمنى

اهلاً بيكم. يوم ١٤ / ١١ كان يوم ميلادى. بابايا و جوزى و ابنى فاجئونى بتورتايه حلوه اوى. كتبولى عليها كل سنه و انتى طيبه. و جابوا حلويات كتير. كان يوم حلو بمعنى الكلمه. هقولكو بصراحه، انا تميت السنه دى ٣٥ سنه. مبحبش بقى موضوع انى اخبى سنى و افضل طول عمرى عندى ٢٢ سنه و الكلام ده. و عشان الخمسه و تلاتين بالذات انا بعتبرها نقطه فاصله، او هى منتصف العمر فعلياً. فا قعدت مع نفسى شويه افكر انا اتعلمت ايه من اللى فات و عايزه اعمل ايه فى اللى جاى. اول حاجه لازم اشكر ربنا على كل الناس اللى حطهم فى طريقى طول حياتى لان كلهم هدايا حقيقيه. و بدعى ربنا انه يقدرنى اسعدهم كلهم و اللى بعد منهم اقدر احافظ على التواصل معاه. تانى حاجه المواظبه. اتأكدت فعلاً انه الواحد يقدر يعمل معجزات لو واظب على حاجه و لو بقدر بسيط يومياً. و بالنسبه لى ده بيحل مشاكل كتير زى عدم توافر الوقت او الظروف المناسبه عشان اعمل حاجه بحبها. لكن لو خصصتلها وقت بسيط كل يوم هنجز فيها كتير. زى ما بيقول نبينا: أحب الأعمال إلى الله ادومها وإن قل. تالت حاجه انه مفيش حاجه بتيجى متأخر. هى بتيجى لما الواحد بيكون مستعد. و ده زودلى حماستى انى ابدأ فى الحاجه اللى انا بحبها، مكسلش و مقولش اتأخرت. بالعكس انا اقدر اتعلم اى حاجه و اتقنها و استفيد منها و افيد الناس كمان حتى لو عندى ٧٠ سنه. مش برضه كولونيل ساندرز قدر يأسس كنتاكى و عمره ٦٥ سنه؟ يبقى انا كمان هقدر و انتو كمان هتقدروا. كل سنه و انتو طيبين.

اهلاً بيكم. يوم ١٤/١١ ده كان يوم ميلادي. بابا وجوزي وابني فاجئوني بتورتة حلوة اوي. كتبولي عليها كل سنة وانتي طيبة. وجابوا حلويات كتير. كان يوم حلو بجد الكلام. هقولكو بصراحة، انا تميت السنة دي ٣٥ سنة مبحبش بقى موضوع اني احكي سني وافضل طول عمري عندي ٢٢ سنة فالكلام ده. وخصوصاً الخمسة وتلاتين بالذات انا بعتبرها نقطة فاصلة، او هي منتصف العمر فعلياً. فاقعدت مع نفسي شوية افكر انا اتعلمت ايه من اللي فات وعايزة اعمل ايه في اللي جاي. اول حاجة لازم اشكر ربنا على كل الناس اللي حطهم في طريقي طول حياتي لانهم كلهم هدايا حقيقية. وبدعي ربنا انه يقدرني اسعدهم كلهم واللي بعد منهم اقدر احافظ على التواصل معاه. تاني حاجة المواظبة. انا اتأكدت فعلاً انه الواحد يقدر يعمل معجزات لو واظب على حاجة ولو بقدر بسيط يومياً.

وبالنسبة لي ده بيحل مشاكل كتير زي عدم توافر الوقت او الظروف المناسبة علشان اعمل حاجة بحبها. لكن لو خصصت لها وقت بسيط

كل يوم هنجز عمل كتير. زي ما بيقول نبينا: أحب الأعمال إلى
الله أدومها وإن قل. تالتا حاجة انه مفيش حاجة بتيجي متأخر. هي
بتيجي لما الواحد بيكون مستعد، وده زودلي حماستي اني ابدأ في
الحاجة اللي انا بحبها، مكسلش ومقولش اتأخرت. بالعكس انا اقدر
اتعلم اي حاجة واتفوق واستفيد منها وافيد الناس كمان حتى لو
عندي ٧٠ سنة. مش برضه كولونيل ساندرز قدر يأسس كنتاكي
وعمره ٦٥ سنة؟ يبقى انا كمان هقدر وانتو كمان هتقدروا.
كل سنة وانتو طيبين.

Hello! November 14th was my birthday. My dad, my husband, and my son surprised me with a very beautiful cake. They wrote Happy Birthday on it for me. They brought lots of sweets. It was a sweet day literally. I will tell you frankly, this year I turned 35. I don't like hiding my age and staying 22 all my life and so on. And because I consider 35 in particular a special turning point, or it's actually the middle point of life, so I sat by myself a bit thinking of what I've learned from the past and what I want to do in the future. First of all, I must thank God for all the people he has put in my path all my life because they are all real gifts. And I pray to God to empower me to make them all happy and to stay in touch with those who are away. Second, persistence. I'm sure that one can perform miracles if they persist in doing something, even in small amounts, on a daily basis. For me, this fixes lots of problems, such as not finding quality time or the right circumstances to do something I love. But if I specify a small period of time for it every day, I'll accomplish a lot. As our prophet says, "The deeds dearest to God are those done regularly, even if a little." Third, nothing comes late. It comes when one is prepared. And that increased my enthusiasm to start doing what I love, not to be lazy or to say "I'm late." On the contrary, I can learn anything, excel in it, benefit from it and also benefit people, even if I'm 70. Didn't colonel Sanders establish KFC when he was 65? So, I can too. And so can you. Happy year to you!

اهلاً بيكم.	1	áhlan bīkum.	Welcome to-you!
يَوْم ١٤ / ١١ كان يَوْم ميلادى.	2 *	yōm arba3tāšar ɧidāšar kān yōm milādi.	Day fourteen eleven was day my-birth.
بابايا و جَوْزى و اِبْنى فاجْئونى بْتورْتايه حِلْوَه اوى.	3	babāya wi gōzi wi íbni fagʔūni b-turtāya ɧílwa áwi.	My-dad and my-husband and my-son surprised-me with-cake nice/sweet very.
كتبولى علَيْها كُلّ سنه و اِنْتى طَيِّبه.	4 *	katabūli 3alēha kúllə sána w ínti ţayyíba.	They-wrote-for-me on-it every year and you good.
و جابوا حلَوِيّات كِتير.	5	wi gābu ɧalawiyyāt kitīr.	And they-brought sweets a-lot.
كان يَوْم حِلْو بمِعْنَى الكِلْمه.	6	kān yōm ɧilw bi-má3na -lkílma.	It-was day sweet with-meaning the-word.
هقولّكو بِصراحه،	7	haʔullíku bi-şarāɧa,	I-will-tell-to-you with-candor,
انا تمَّيْت السّنه دى ٣٥ سنه.	8	ána tammēt issanādi xámsa w talatīn sána.	I I-completed the-year this five and thirty year.
مبحِبِّش بقَى مَوْضوع اِنِّى اخبّى سِنّى	9	ma-baɧíbbiš báʔa mawḑū3 ínni axábbi sínni	I-don't-like then subject that-I I-hide my-age
و افْضِل طول عُمْرى عنْدى ٢٢ سنه و الكلام ده.	10	wi áfḑil ţūl 3úmri 3ándi itnēn w 3išrīn sána w ilkalām da.	and I-continue all my-life I-have two and twenty year and the-words these.
و عشان الخمْسه و تلاتين بِالذّات انا بعْتبِرْها نُقْطه فاصِله،	11	wi 3ašān ilxámsa w talatīn bi-zzāt ána ba3tibírha núʔţa fāşila,	And because the-five and thirty in-particular I I-consider-it point dividing,
اَوْ هِىَّ مُنْتصِف العُمْر فِعْلِيّاً.	12	aw híyya muntáşif il3úmr, fi3líyyan,	or it halfway the-life, actually,
فا قعدْت معَ نفْسى شْوَيّه افكّر انا اِتْعلِّمْت اَيْه مِن اللى فات و عايْزه اعْمِل اَيْه فى اللى جاىّ.	13	fa ʔa3ádtə má3a náfsi šwáyya afákkar ána it3allímt ʔē min ílli fāt wi 3áyza á3mil ʔē fi -lli gayy.	so I-sat with my-self a-little I-think I I-learned what from that-which passed and wanting I-do what in that-which coming.
اوِّل حاجه لازِم اشْكُر ربِّنا علَى كُلّ النّاس اللى حطُّهُم فى طريقى طول حَياتى	14	áwwil ɧāga, lāzim áškur rabbína 3ála kull innās ílli ɧaţţúhum fi ţarīʔi ţūl ɧayāti	First thing, necessary I-thank our-Lord for all the-people that he-put-them in my-path all my-life
لاِنّ كُلُّهُم هدايا حقيقيه.	15	li-ínnə kullúhum hadāya ɧaʔiʔíyya.	because all-of-them gift real.
و بدْعَى ربِّنْا اِنُّه يْقدّرْنى اسْعِدْهُم كُلُّهُم	16	wi bád3a rabbína ínnu yʔaddárni as3ídhum kullúhum	And I-pray our-Lord that-he enables-me I-help-them all-of-them

و اللى بِعِد مِنْهُم اقْدر احافِظ علَى التَّواصُل معاه.	17	w ílli bí3id mínhum áʔdar aɦāfiẓ 3ála -ttawāṣul ma3ā.	and those-who are-far from-them I-can I-remain on the-contact with-him.
تانى حاجه المُواظْبه.	18	tāni ɦāga, ilmuwáẓba.	Second thing, the-persistence.
اِتْأكِّدْت فِعْلاً اِنُّه الواحِد يِقْدر يِعْمِل مُعْجِزات	19	itʔakkídtə fí3lan ínnu -lwāɦid yíʔdar yí3mil mu3gizāt	I-ascertained really that-it the-one can perform miracles
لَوْ واظِب علَى حاجه و لَوْ بِقدْر بسيط يَوْمِيّاً.	20	law wāẓib 3ála ɦāga w law bi-qádr basīṭ yawmíyyan.	if persisting on thing and if with-amount basic daily.
و بِالنِّسْبه لى ده بِيْحِلّ مشاكِل كِتير	21	wi bi-nnisbāli da biyɦíllə mašākil kitīr	And as-for to-me this fixes problems many,
زَىّ عدم تَوافُر الوَقْت اَوْ الظُّروف المُناسْبه عشان اعْمِل حاجه بحِبّها.	22	záyyə 3ádam tawāfur ilwáʔt aw iẓẓurūf ilmunásba 3ašān á3mil ɦāga baɦibbáha.	like non- abundance the-time or the-circumstances the-suitable so-that I-do thing I-love-it.
لكِن لَوْ خصّصْتِلْها وقْت بسيط كُلّ يَوْم هنْجِز فيها كِتير.	23	lākin law xaṣṣaṣtílha wáʔtə basīṭ kúllə yōm hángiz fīha kitīr.	But if I-specified-to-it time basic every day I-will-accomplish in-it a-lot.
زَىّ ما بِيْقول نبّينا:	24	záyyə ma biyʔūl nabbīna:	As what says our-prophet,
أحبّ الأعْمال إلَى الله ادْوَمُها وإن قلّ.	25 *	ʔaɦább ilʔa3māl ʔíla -llāh adwámuha wa-ʔin qall.	"Dearest the-deeds to God most-enduring-of-them and if were-few."
تالِت حاجه اِنُّه مفيش حاجه بْتيجى مِتْأخّر.	26	tālit ɦāga ínnu ma-fīš ɦāga btīgi mitʔáxxar.	Third thing that-it there-isn't thing comes late.
هِىَّ بْتيجى لمّا الواحِد بِيْكون مُسْتعِدّ.	27	híyya btīgi lámma -lwāɦid biykūn musta3ídd.	It comes when the-one is prepared.
و ده زَوِّدْلى حماسْتى	28	wi da zawwídli ɦamásti	And that increased-to-me my-enthusiasm
اِنّى ابْدأ فى الحاجه اللى انا بحِبّها،	29	ínni ábdaʔ fi -lɦaga -lli ána baɦibbáha,	that-I I-start in the-thing that I I-love-it,
مكسِّلْش و مقولْش اِتْأخّرْت.	30	m-akassílš, wi m-aʔúlš itʔaxxárt.	I-won't-get-lazy, and I-won't-say "I-was-delayed."
بِالعكْس انا اقْدر اتْعلِّم اَىّ حاجه	31	bi-l3áks ána áʔdar at3állim áyyə ɦāga	With the-contrary, I I-can I-learn any thing,
و اتْقِنْها و اسْتفيد مِنْها و افيد النّاس كمان	32	wi atqínha wi astafīd mínha wi afīd innās kamān	and I-excel-in-it and I-benefit from-it and I-benefit the-people also,
حتَّى لَوْ عنْدى ٧٠ سنه.	33	ɦátta law 3ándi sab3īn sána.	even if I-have 70 year.
مِش برْضُه كولونيل ساندرْز قِدِر يأسِّس كنْتاكى و عُمْرُه ٦٥ سنه؟	34 *	miš bárḍu kōlunel sándarz ʔídir yiʔássis kantāki w 3úmru xámsa w sittīn sána?	Not also colonel Sanders could he-establishes Kentucky when his-age five and sixty year?

يِبْقَى انا كمان هقْدر و اِنْتو كمان هتِقْدروا.	35	yíbʔa ána kamān háʔdar w íntu kamān hatiʔdáru.	It-becomes I also I-will-be-able and you also you-will-be-able.
كُلّ سنه و اِنْتو طيِّبين.	36	kúllə sána w íntu ţayyibīn.	Every year and you good!

2 - Months are often referred to by number: انا مَوْلود فى شهْر خمْسه ána mawlūd fī šáhrə xámsa *I was born in May* (lit. *month five*).

4 - كُلّ سنه و اِنْتَ طيِّب kúllə sána w ínta ţáyyib (اِنْتى طيِّبه ínti ţayyíba [f.]; اِنْتو طَيِّبين íntu ţayyibīn [pl.]) lit. *every year and you are well* is a wish offered on annual occasions. In the context of line 4, it would translate as *'Happy Birthday!'*, but may translate in various ways, depending on the occasion or sentiment, as in line 36.

25 - This is a Hadith in Classical Arabic, not ECA.

34 - The negative of the perfect tense (usually formed with مــش ma- -iš) is formed with مِش miš in rhetorical questions.

Midterms

امتحانات ميدترم

الاسبوع الجاى عندى امتحانات ميدترم! انا بدرس فى كلية الهندسه و السنه دى هى آخر سنه ليا ان شاء الله. المفروض اتخرج فى يونيو ٢٠١٦. ايام الثانويه انا كنت طالب مجتهد و مميز جداً. كنت محبوب من المدرسين و كنت دايماً بنافس على المراكز الاولى فى الترتيب على فصلى و على المدرسه. لكن الوضع اتغير لما دخلت الكليه. فى تانى سنه مجموعى اجبرنى انى ادخل قسم غير اللى انا كنت عايزه. القسم اللى دخلته اسمه الهندسه الصناعيه. مكنتش حابه اوى او بمعنى اصح مكنتش اعرف كتير عنه. فضلت متضايق لفتره طويله. مكنتش مهتم و مكنتش بحضر اى محاضرات و مكنتش بذاكر غير ايام الامتحانات. بس الحمد لله كنت بنجح. بس طبعاً بمجموع وحش جداً. مع مرور الوقت بدأت احب التخصص بتاعى و اكتشفت بعد كده ان ده اكتر تخصص مناسب ليا و لامكانياتى! اعتقد دلوقتى لو رجع بيا الزمن هفضل القسم ده على اى قسم تانى. للاسف اكتشفت الكلام ده متأخر شويه، بس اتعلمت انى لما اكون مجبر على حاجه معينه، و معنديش خيارات تانيه، انى ارضى باللى ربنا اختارهولى و احاول استفيد منه لاقصى حد. لان فى النهايه ممكن تكتشف ان ده كان الطريق الانسب ليك من البدايه. المهم، بعد درجاتى السيئه جداً السنتين اللى فاتوا. قررت انى استعيد تانى ايام الثانويه. السنه دى انا بحضر كل المحاضرات و بذاكر بشكل منتظم، و ناوى كمان ان شاء الله ان انا انافس على ترتيب كويس على الدفعه. الاسبوع الجاى همر باول امتحانات رسميه السنه دى. و بالرغم من انى عديت على امتحانات اصعب من كده بكتير بس حاسس انى قلقان

شويه زى ايام الثانويه تقريباً. يمكن دى علامه كويسه؟! فا اتمنولى التوفيق لانى اكيد هاحتاجه.

الاسبوع الجاي عندي امتحانات ميد تيرم! انا بدرس في كلية الهندسة والسنادي هي آخر سنة ليا ان شاء الله. المفروض اتخرج في يونيو ٢٠١٦. ايام الثانوية انا كنت طالب مجتهد ومميز جداً. كنت محبوب من المدرسين، وكنت دايماً بنافس على المراكز الاولى في الترتيب على فصلي وعلى المدرسة. لكن الوضع اتغير لما دخلت الكلية. في تاني سنة مجموعي اجبرني ادخل قسم غير اللي انا كنت عايزه. القسم اللي دخلته اسمه الهندسة الصناعية. مكنتش حابه اوي او بمعنى اصح مكنتش ادري كتير عنه. فضلت متضايق لفترة طويلة. مكنتش مهتم ومكنتش بحضر المحاضرات ومكنتش بذاكر غير ايام الامتحانات، بس الحمد لله كنت بنجح. بس طبعاً بمجموع وحش جداً. مع مرور الوقت بدات احب التخصص بتاعي واكتشفت بعد كده ان ده اكتر تخصص مناسب ليا ولامكانياتي! اعتقد دلوقتي لو رجع بيا الزمن هفضل القسم ده على اي قسم تاني. للاسف اكتشفت الكلام ده متأخر شوية، بس اتعلمت اني لما اكون مجبر على حاجة معينة ومعنديش خيارات تانية، اني ارضى بالله ربنا اختارهولي واحاول استفيد منه لاقصى حد. وده في الغالب بيخليك تكتشف ان ده كان الطريق الانسب ليك من البداية. المهم ان بعد درجات السيئة جداً السنتين اللي فاتوا

قررت اني استعيد تاني ايام الثانوية . السنة دي انا بحضر كل المحاضرات

وبذاكر بشكل منتظم ، وناوي كمان ان شاء الله اني انافس على ترتيب كويس

على الدفعة . الاسبوع الجاي همر بأول امتحانات رسمية السنة دي . وبالرغم من

اني عديت على امتحانات اصعب من كده بكتير بس حاسس اني قلقان شوية

زي ايام الثانوية تقريباً . يمكن دي علامة كويسة ؟! فاتمنولي التوفيق

لاني اكيد هاحتاجه.

Next week I have midterm exams! I study in the school of engineering, and this year is the last year for me, God willing. I should graduate in June 2016. In my high school days, I was a very hardworking and distinguished student. I was loved by the teachers and I was always competing for first place in the rank of my class and the school. But the situation changed when I entered college. In the second year, my grades forced me to enter a department other than the one I wanted. The department that I entered is called "Industrial Engineering". I didn't like it much, or in better words, I didn't know much about it. I remained upset for a long time. I wasn't interested, and I wasn't attending any lectures and I wasn't studying except at exam time. But thank God, I was passing. But of course with very bad grades. Over time, I started to like my major. And I found out later that this is the most suitable major for me and for my potentials! I think now if I went back in time, I would prefer this department over any other department. Unfortunately, I found that out a bit late. But I've learned when I'm forced to do something and I have no other choices, that I'm content with what God has chosen for me, and I try to take advantage of it to the maximum limit. Because at the end you might find out that this was the most suitable path for you from the beginning. Anyway, after my very bad grades over the past two years, I have decided to call again upon the days of high school. This year, I'm attending all lectures and studying on a regular basis, and I'm also intending, if God wills, to compete for a good rank in my class. Next week I'll go through the first official exams this year. And even though I've been through much harder exams than this, I feel a bit worried... like in my high school days. Maybe this is a good sign?! So, wish me luck because I'll definitely need it.

الاِسْبوع الجاىّ عنْدى اِمْتِحانات ميدْتِرْم!	1	ilʔisbū3 ilgáyy, 3ándi imtiɦanāt mídtirm!	The-week the-coming, I-have exams midterm!
انا بدْرِس فى كُلِّيّة الهنْدسه و السّنه دى هِىَّ آخِر سنه ليّا اِن شاء الله.	2	ána bádris fi kullíyyit ilhandása w issanādi híyya āxir sána líyya in ša -llāh.	I I-study in college the-engineering and the-year this last year for-me if wills God.
المفْروض اتْخرّج فى يونْيو ٢٠١٦.	3	ilmafrūḍ atxárrag fi yúnyu alfēn wi sittāšar.	Should I-graduate in June two-thousand and sixteen.
ايّام الثّانويه انا كُنْت طالِب مُجْتَهِد و مُمَيِّز جِدّاً.	4	ayyām issanawíyya ána kúntə ṭālib mugtáhid wi mumáyyiz gíddan.	Days the-secondary I I-was student diligent and distinguished very.
كُنْت محْبوب مِن المدَرِّسين و كُنْت دايْماً بنافِس عَلَى المراكِز الاُولَى فى الترْتيب عَلَى فصْلى و عَلَى المدْرسه.	5	kúntə maɦbūb min ilmudarrisīn wi kúntə dáyman banāfis 3ála -lmarākiz ilʔūla fi -ltartīb 3ála fáṣli w 3ála -lmadrása.	I-was loved from the-teachers and I-was always I-compete for the-places the-first in the-rank on my-class and on the-school.
لكِن الوَضْع اِتْغيرّ لمّا دخلْت الكُلّيه.	6	lākin ilwáḍ3 itɣáyyar lámma daxált ilkullíyya.	But the-situation changed when I-entered the-college.
فى تانى سنه مجْموعى اَجْبرْنى اِنىّ ادْخُل قِسْم غَيْر اللى انا كُنْت عايْزُه.	7 *	fi tāni sána magmū3i agbárni ínni ádxul qísm, ɣēr ílli ána kúntə 3áyzu.	In second year, my-grades forced-me that-I I-enter section, without that I I-was wanting.
القِسْم اللى دخلْتُه اِسْمُه الهنْدسه الصِّناعيه.	8	ilqísm ílli daxáltu ísmu ilhandása -ṣṣina3íyya.	The-section that I-entered its-name the-engineering the-industrial.
مكُنْتِش حابُّه اوى اَوْ بِمعْنَى اصحّ مكُنْتِش اعْرف كتِير عنُّه.	9 *	makúntiš ɦábbu áwi, aw bi-má3na aṣáɦɦ, ma-kúntiš á3raf kitīr 3ánnu.	I-wasn't I-like-it very, or in meaning more-correct, I-wasn't I-know much about-it.
فِضِلْت مِتْضايِق لِفتْره طَويله.	10	fiḍíltə mitḍāyiʔ li-fátra ṭawīla.	I-remained upset for-period long.
مكُنْتِش مُهتِمّ و مكُنْتِش بحْضر اىّ مُحاضْرات و مكُنْتِش بذاكِر غَيْر ايّام الاِمْتِحانات.	11	makúntiš muhtímm, wi ma-kúntiš báɦḍar áyyə muɦāḍrāt wi ma-kúntiš bazākir ɣēr ayyām ilʔimtiɦanāt.	I-wasn't interested, and I-wasn't I-attend any lectures and I-wasn't I-study except days the-exams.
بسّ الحمْدُ لله كُنْت بنْجح.	12	bass ilɦámdu l-illāh kúntə bángaɦ.	But the-praise to-God I-was I-succeed.
بسّ طبْعاً بمجْموع وِحِش جِدّاً.	13	báss ṭáb3an bi-magmū3 wíɦiš gíddan.	But of-course with-grade bad very.
معَ مرور الوَقْت بدأْت احِبّ التّخصُّص بتاعى	14	má3a marūr ilwáʔt, badáʔt aɦíbb ittaxáṣṣuṣ bitā3i	With passing the-time, I-started I-like the-specialization of-me.
و اِكْتشفْت بعْد كِده اِنّ ده اكْتر تخصُّص مُناسِب لِيّا و لاِمْكانِيّاتى!	15	w iktašáftə bá3də kída ínnə da áktar taxáṣṣuṣ munāsib líyya w li-imkaniyyāti!	And I-discovered after this that this most specialization suitable for-me and for-my-potentials!

اعْتقِد دِلْوَقْتى لَوْ رِجِع بِيّا الزّمن هفضّل القِسْم ده عَلَى اىّ قِسْم تانى.	16 *	a3táqid dilwáʔti law rígi3 bíyya izzáman hafáḍḍal ilqísmə da 3ála áyyə qísmə tāni.	I-believe now if it-returned with-me the-time I-will-prefer the-section this to any section other.
لِلاسف اِكْتشفْت الكلام ده مِتْأخّر شُوَيّه،	17	li-lʔásaf iktašáft ilkalām da mitáxxar šuwáyya,	For-the-regret, I-discovered the-words these late a-little,
بسّ اِتْعلِّمْت اِنِّى لمّا اكون مُجْبر عَلَى حاجه مُعيّنه،	18	bass it3allímt ínni lámma -kūn múgbar 3ála ħāga mu3ayyána,	But I-learned that when I-am forced on thing particular,
و معنْديش خِيارات تانْيه،	19 *	wi ma-3andīš xiyarāt tánya,	and I-don't-have choices other,
اِنِّى ارْضَى بِاللى ربِّنا اِخْتارْهولى و احاوِل اسْتفيد مِنُّه لِاقْصَى حدّ.	20	ínni árḍa bí-lli rabbína ixtarhūli w aħāwil astafīd mínnu li-áqṣa ħadd.	that I'm-content with that-which our-Lord chose-it-for-me and I'll-try I-benefit from-it to-furthest extent.
لاِنّ فى النِّهايه مُمْكِن تِكْتِشِف اِنّ ده كان الطّريق الانْسب ليك مِن البِدايه.	21	li-ínnə f innihāya múmkin tiktíšif ínnə da kān iṭṭarīʔ ilʔánsab līk min ilbidāya.	Because at the-end possible you-discover that this was the-path the-most-suitable for-you from the-beginning.
المُهِمّ، بعْد درجاتى السَّيِّئه جِدّاً السّنتَيْن اللى فاتوا،	22 *	ilmuhímm, bá3də daragāti issayyíʔa gíddan issanatēn ílli fātu,	The-important, after my-grades the-bad very the-two-years that passed,
قرّرْت اِنِّى اسْتعيد تانى ايّام الثّانَويه.	23 *	qarrárt ínni asta3īd tāni ayyām issanawíyya.	I-decided that-I I-call-upon again days the-secondary.
السّنه دى انا بحْضر كُلّ المُحاضْرات و بذاكِر بِشكْل مُنْتظِم،	24	issanādi ána báħḍar kull ilmuħaḍrāt wi bazākir bi-šáklə muntáẓim,	The-year this I I-attend all the-lectures and I-study in-shape regular,
و ناوى كمان اِن شاء الله اِنّ انا انافِس عَلَى ترْتيب كُويِّس عَلَى الدّفْعه.	25	wi nāwi kamān in ša -llāh inn ána anāfis 3ála tartīb kuwáyyis 3ála -ddúf3a.	and intending also if wills God that I I-compete on rank good on the-class.
الاِسْبوع الجاىّ همُرّ بِاوِّل اِمْتِحانات رسْميه السّنه دى.	26	ilʔisbū3 ilgáyy, hamúrr bi-áwwil imtiħanāt rasmíyya issanādi.	The-week the-coming, I-will-pass in first exams official the-year this.
و بِالرّغْم مِن اِنِّى عدّيْت عَلَى اِمْتِحانات اصْعب مِن كِده بِكْتير	27	wi bi-rráɣm min ínni 3addēt 3ála imtiħanāt áṣ3ab min kída bktīr	And in-spite of that-I I-passed on exams harder than this by-much,
بسّ حاسِس اِنِّى قلْقان شُوَيّه زىّ ايّام الثّانويه تقْريباً.	28	báss ħāsis ínni ʔalʔān šuwáyya zayy ayyām issanawíyya taʔrīban.	but feeling that-I worried a-little like days the-secondary approximately.
يِمْكِن دى علامه كُوَيِّسه!	29	yímkin di 3alāma kuwayyísa!	Maybe this sign good!
فا اِتْمنّولى التّوْفيق لاِنِّى اكيد هاحْتاجُه.	30	fa itmannūli -ttawfīʔ li-ínni akīd haħtāgu.	So, wish-to-me success because I'm-sure I'-will-need-it.

7 - When the adjective تانى tāni (f. تانْيه tánya) follows a noun, it means (an)other. When تانى tāni (invariable) precedes a noun, it means *the second.* As an adverb, it means *again.*

9 - حابِب ђābib (active participle) *liking* + ـهُ -u him, it = حابُّه ђábbu. With the addition of a suffix beginning in a vowel, the kasra (i) is elided, resulting in a double bb, written as a single ب with a shadda (ّ) in Arabic. The double consonant makes the preceding vowel short.

16 - see 7

19 - see 7

22 - The ending ـه -a normally becomes ـِتـ -(i)t- before the dual suffix ـَيْن -ēn: مدْرسْتَيْن madrastēn *two schools.* However, for the nouns سنه sána *year* and لُغه lúɣa *language* it is ـَتـ -at-: سنتَيْن sanatēn *two years,* لُغتَيْن luɣatēn *two languages.*

23 - see 7

A Night of Music

امسية موسيقيه

انا راجل عاشق للموسيقى. من اكتر الحاجات اللى بديها حيز من اهتماماتى هى الموسيقى بجميع انواعها. و بقضى وقت كبير بختار الاغانى و الموسيقى و الفرق اللى بسمعهم، و عشان انا كده فا ليا صحاب كتير ليهم نفس الاهتمامات. و كمان بيعزفوا على آلات موسيقيه. امبارح كلمت صديقى العزيز حسام، عازف العود، و قالى انه هو و اصدقائه فى البيت عنده و عاملين يعزفوا. اول ما قالى كده رحت نازل على طول على الرغم من ان الدنيا بتمطر و الشوارع غرقانه. رحت واخد عربيتى و رايحله. لما قابلته كان معاه اتنين صحابه بيعزفوا على الجيتار و الجميل فى الموضوع ان العود و الجيتار لما بيتجمعوا بيطلعوا خليط جميل من الموسيقى الشرقى و الغربى. حسام عزف منفرد الاول اغنيه جميله لام كلثوم و بعديها باهى صديقه رد عليه بمقطوعه جميله لبيتهوفن، و انا قاعد مستمتع جداً بسماع الموسيقى الجميله. بعد ما كل واحد عزف لوحده قرروا يلعبوا مع بعض فا عزفوا اغنيه لفيروز. و بعديها اغنيه جميله جداً لنيرفانا اسمها The Man Who Sold the World. و انا كنت قاعد مستمتع جداً و بغنى معاهم على الرغم من صوتى الوحش. الحقيقه انى كنت مروح مبسوط جداً من هذه الامسيه الفنيه الجميله و نمت نوم هادئ و عميق.

أنا راجل عاشق للموسيقى. من أكتر الحاجات اللي بعديها حيز
من اهتماماتي هي الموسيقى بجميع أنواعها. و بقضي وقت كبير
بختار الأغاني والموسيقى والفرق اللي بسمعهم، وعشان أنا كده
فاليا صحاب كتير ليهم نفس الاهتمامات. وكمان بيعزفوا على آلات
موسيقيه. امبارح كلمت صديقي العزيز حسام (عازف العود) و
قالي انه هو و اصدقائه في البيت عنده وعاملين بيعزفوا، اولما
قالي كده رحت نازل على طول على الرغم من ان الدنيا بتمطر والشوارع
غرقانه. رحت واخد عربيتي ورايحله. لما قابلته كان معاه اتنين
صحابه بيعزفوا على الجيتار، والجميل في الموضوع ان العود و الجيتار
لما بيتجمعوا بيعملوا خليط جميل من الموسيقى الشرقي والغربي.
حسام عزف منفرد الاول اغنيه جميله لأم كلثوم وبعديها باهي صديقه
رد عليه بمقطوعه جميله لبيتهوفن، وانا قاعد مستمتع جداً بسماع
الموسيقى الجميله. بعد ما كل واحد عزف لوحده قرروا يلعبوا مع
بعض فاعزفوا اغنيه لفيروز، و بعديها اغنيه جميله جداً لنيرفانا اسمها

The Man Who Sold the World. وانا كنت قاعد مستمتع جداً

وبغني معاهم على الرغم من صوتي الوحش. الحقيقة انى

كنت مروح مبسوط جداً من هذه الامسية الفنية الجميلة

ونمت نوم هادئ وعميقاً.

I am a man who adores music. One of the things I dedicate my time to most is music with all its genres. I spend a lot of time choosing the music, songs, and bands I listen to. And that's why I have lots of friends who share with me the same interests, as well as play musical instruments. Yesterday, I phoned my friend Hossam, a lutanist, and he told me that he and two of his friends were at his house playing music. As soon as he told me that, I immediately went to see him even though it was raining hard and the streets were covered in water. I took my car and went to see him. When I met him, he had two of his friends with him playing the guitar and the nice thing is that when the lute and guitar are together they produce a beautiful mix of Oriental and Western music. First, Hossam did a solo of a beautiful song by Om Kalthoom, after which Bahi, his friend, responded with a piece by Beethoven, and I was truly enjoying listening to the music. After everyone played a solo, they decided to play together. So they played a song by Fairouz. After that, they performed a beautiful song by Nirvana called The Man Who Sold the World. I was really enjoying myself and singing with them despite my awful voice. In the end, I went home very happy with this nice, artistic evening and had a calm, deep sleep.

انا راجِل عاشِق لِلموسيقَى.	1 *	ána rāgil 3āšiʔ li-lmusīqa.	I man adoring to-the-music.
مِن اكْتر الحاجات اللى بدّيها حَيِّز مِن اِهْتِماماتى هِيَّ الموسيقَى بِجميع انْواعْها.	2	min áktar ilɦagāt ílli baddīha ɦáyyiz min ihtimamāti híyya - lmusīqa bi-gamī3 anwá3ha.	From most the-things that I-give-it space from my-interests it the-music in-all its-kinds.
و بقْضى وقْت كْبير بخْتار الاغانى و الموسيقَى و الفِرق اللى بسْمعْهُم،	3	wi báʔḍi wáʔtə kbīr baxtār ilʔaɣāni w ilmusīqa w ilfíraʔ ílli basmá3hum,	And I-spend time big I-choose the-songs and the-music and the-bands that I-listen-to-them,

و عشان انا كِده فا لِيّا صُحاب كِتير ليهُم نفْس الاِهْتِمامات.	4	wi 3ašān ána kída fa líyya şuɧāb kitīr līhum nafs ilʔihtimamāt.	and because I thus so I-have friends many they-have same the-interests.
و كمان بِيِعْزِفوا علَى آلات موسيقيه.	5	wi kamān biyi3zífu 3ála alāt musiqíyya.	And also they-play on instruments musical.
اِمْبارِح كلِّمْت صديقى العزيز حُسام ، عازِف العود،	6	imbāriɧ kallímtə şadīqi -l3azīz ɧusām, 3āzif il3ūd,	Yesterday I-talked-to my-friend the-dear Hossam, player the-lute,
و قالىّ اِنُّه هُوَّ و اصْدِقائُه فى البَيْت عنْدُه و عمّالين يِعْزِفوا.	7	wi ʔálli ínnu húwwa wi aşdiqāʔu fi -lbēt 3ándu w 3ammalīn yi3zífu.	and he-told-to-me that-he he and his-friends in the-house he-has and continuing they-play.
اوِّل ما قالىّ كِده رُحْت نازِل علَى طول	8	áwwil ma ʔálli kída rúɧtə nāzil 3ála ţūl	First that he-said-to-me this, I-went going-out right-away
علَى الرّغْم مِن اِنّ الدِّنْيا بِتْمطّر و الشَّوارِع غرْقانه.	9 *	3ála -rráɣmə min inn iddínya bitmáţţar wi iššawāri3 ɣarʔāna.	in-spite from that the-world rains and the-streets drenched.
رُحْت واخِد عربِيِّتى و رايِحْلُه.	10	rúɧtə wāxid 3arabiyyíti w rayíɧlu.	I-went taking my-car and going-to-him.
لمّا قابِلْتُه كان معاه اِتْنَيْن صُحابُه بِيِعْزِفوا علَى الجيتار	11	lámma ʔabíltu kān má3a itnēn şuɧābu biyi3zífu 3ála -lgitār	When I-met-him he-was with two his-friends they-play on the-guitar
و الجميل فى المَوْضوع اِنّ العود و الجيتار لمّا بِيِتْجمّعوا بِيْطلّعوا خليط جميل مِن الموسيقَى الشّرْقى و الغرْبى.	12	w ilgamīl fi -lmawḍū3 inn il3ūd w ilgitār lámma biyitgammá3u biyţallá3u xalīţ gamīl min ilmusīqa -ššárʔi w ilɣárbi.	and the-nice in the-situation that the-lute and the-guitar when they-are-played, they-produce mix beautiful of the-music the-eastern and the-western.
حُسام عزف مُنْفرِد الاوِّل أُغْنيه جميله لِأُمّ كلْثوم.	13 *	ɧusām 3ázaf munfárid ilʔáwwil uɣníyya gamīla l-úmmə kalsūm.	Hossam played solo the-first song beautiful by Om Kalthoom,
و بعْديها باهى صديقُه ردّ علَيْه بِمقْطوعه جميله لِبِيْتْهوفِن،	14	wi ba3dīha bāhi şadīqu ráddə 3alē bi-maʔţū3a gamīla li-bithūvin,	and after-it Bahi his-friend responded to-it with-piece beautiful by Beethoven,
و انا قاعِد مِسْتمْتِع جِدّاً بِسماع الموسيقَى الجميله.	15	wi ána ʔā3id mistámta3 gíddan bi-samā3 ilmusīqa -lgamīla.	and I sitting enjoying very with-listening-to the-music the-beautiful.
بعْد ما كُلّ واحِد عزف لِوَحْدُه قرّروا يِلْعبوا معْ بعْض	16	bá3də ma kúllə wāɧid 3ázaf li-wáɧdu qarráru yil3ábu má3a ba3ḍ	After that every one played by-himself they-decided they-play with each-ther.
فا عزفوا أُغْنيه لِفَيْروز.	17	fa 3ázafu uɣníyya li-firūz.	So they-played song by-Fairouz.

و بعْديها أُغْنيه جميله جِدّاً لِنيرْفانا اِسْمها The Man Who Sold the World.	18 *	wi ba3dīha uɣníyya gamīla gíddan li-nirvāna ismáha *The Man Who Sold the World.*	And after-it song beautiful very by Nirvana its-name *The Man Who Sold the World.*
و انا كُنْت قاعِد مُسْتمْتع جِدّاً و بغنّى معاهُم علَى الرّغْم مِن صَوْتى الوِحِش.	19	wi ána kúntə ʔā3id mustámta3 gíddan wi baɣánni ma3āhum 3ála -rráɣmə min ṣōti -lwíḫiš.	And I I-was sitting enjoying very and I-sing with-them in-spite from my-voice the-bad.
الحقيقه اِنى كُنْت مِروّح مبْسوط جِدّاً مِن هذِهِ الامْسيه الفنّيه الجميله و نِمْت نَوْم هادِئ و عميق.	20	ilḫaʔīʔa ínni kúntə miráwwiḫ mabsūṭ gíddan min házihi -lʔamsíyya -lfanníyya -lgamīla w nímtə nōm hādiʔ wi 3amīq.	The-truth that-I I-was returning happy very from this the-evening the-artistic the-nice and I-slept sleep calming and deep.

1 - Although ق is usually pronounced ʔ, it is still pronounced q, as it is in MSA, in a number of words, most notably القاهِره ilqāhíra. Notice the words pronounced with q in this diary entry: موسيقَى musīqa *music*, صديق ṣadīq *friend*, قرّر qárrar *decide*, عميق 3amīq *deep.*

9 - English uses the 'dummy'pronoun *it* to express weather conditions: it's raining; it's sunny; it's hot, etc. Likewise, ECA uses the subject الدِّنْيا iddínya (also pronounced الدُّنْيا iddúnya).

13 - The prepositional prefix لِـ li- is most commonly translated *to, for,* or *have.* Here it translates *by,* used to denote authors, composers, artists, etc.

18 - بعْديها ba3dīha *afterward* is also, and perhaps more commonly in Cairo, found as بعْدها ba3dáha.

Notes

www.ingramcontent.com/pod-product-compliance
Lightning Source LLC
Chambersburg PA
CBHW060528010526
44110CB00052B/2530